Oración que toca las raíces

Cómo entender el poder de la siembra y la cosecha

Pero esto digo:
El que siembra escasamente, también segará escasamente;
el que siembra generosamente,
generosamente también segará.
2 Corintios 9:6

Robert J. Morrissette

Oración que toca las raíces

Información de publicación/edición
Oración que toca las raíces
Copyright @ 2007 by Robert J. Morrissette

Diseño de la tapa e ilustraciones del libro por Elizabeth Morrissette, Copyright @ 2007.

International Standard Book Number (ISBN): 978-0-976354-91-8
Library of Congress Control Number (LCCN): 2007920229

Versiones de la Biblia usadas:
Reina-Valera 1960
Nueva Versión Internacional

Los nombres y ciertos detalles usados a lo largo de este libro como ilustraciones han sido cambiados para proteger la privacidad de las personas.

Información de translation (ingles a español)
Oración que toca las raíces fue traducido de inglés a español del libro *Pray Through It*; ISBN-13: 978-0-976354-90-1; Library of Congress Control Number: 2005908673

Traductor: Alejandro Field es traductor profesional bilingüe (español-ingles) desde 1999. Ha traducido todo tipo de material (libros, videos, artículos, folletos, etc.) para diversas organizaciones cristianas. Vive en Buenos Aires, Argentina, y su correo electrónico es: field@fibertel.com.ar

Publicado por Big Blue Skies of Idaho LLC, Idaho, USA

Impreso por CreateSpace, Charleston, SC, USA

Dedicatoria

Este libro está dedicado a quienes aspiran a más que simplemente sobrevivir, que quieren hacer una diferencia en su vida y en la vida de los demás, que están dispuestos a hacer lo necesario para ver cambios, y que quieren impactar al mundo que los rodea para nuestro Señor Jesucristo. También dedico este libro a todos los que me alentaron a lo largo del camino para escribirlo en primer lugar.

A nuestro Señor Jesucristo, cuyo amor sin límites y sin fin, demostrado en acción, ha recogido una cosecha en y a través de nosotros, de lo cual nos hemos beneficiado;
A Quien, para quienes creen, dio muerte a la cosecha de muerte mientras nos hizo partícipes de la vida eterna;
A Quien sembró su vida por nosotros para que pudiéramos vivir.

Porque Jesús dijo:

De cierto, de cierto os digo,
que si el grano de trigo no cae en la tierra y muere,
queda solo;
pero si muere, lleva mucho fruto.

Juan 12:24

¡Dios es bueno
todo el tiempo!

Agradecimiento especial

Quiero agradecer especialmente a mi creativa, maravillosa y amada esposa, Liz...
que tuvo la visión y la capacidad de ver mi potencial cuando yo no podía verlo o lo había perdido de vista...
que me alentó, creyó en mí y me "aguijoneó" amorosamente cuando lo necesité...
que me amó y soportó especialmente durante mis tiempos de inmadurez y fruto malo...
y, finalmente, de quien me enorgullezco y me siento privilegiado de tener como mi esposa y amiga.

Hay un lugar especial en el cielo para mujeres como ella.

Índice

Introducción

Escribí este libro en respuesta a una pregunta que me han hecho con frecuencia, generalmente justo después de llevar a una persona a través de un tiempo de ministerio. El tipo de ministerio al que me refiero involucra conducir a la persona por un proceso de compartir sus problemas presentes, ayudarla a descubrir las causas de raíz, orar para extraer estos problemas de raíz y luego observarlas realizar alguna clase de cambio positivo como consecuencia. A menudo la persona se pregunta qué puede hacer por su cuenta si aparecen otros problemas más adelante. La pregunta que suelen hacer es: "Ahora, ¿cuáles fueron esos pasos que dimos cuando oramos por los problemas?". Así que ésta es la respuesta: una guía práctica y fácil de usar para ayudar a identificar las causas de raíz de los problemas presentes, y luego algunas pautas sobre cómo orar por ellas.

Es muy frecuente que tratemos nuestros problemas usando soluciones superficiales y "apósitos", que no tratan realmente el problema más profundo. A veces simplemente se nos dice que "desarrollemos nuevos patrones de hábitos" y que "practiquemos nuevas formas de pensar". No me entienda mal; éstas pueden ser efectivas, pero no necesariamente para todas las aplicaciones. Lo que he encontrado es que gran parte del equipaje que traemos a las relaciones y a las nuevas situaciones tienen su raíz en heridas del pasado. En tales casos necesitamos ir un poco más profundo que las típicas soluciones "de curitas" a fin de lograr resultados duraderos. Determinar si algo está relacionado con una causa de raíz del pasado, identificar esa causa de raíz y luego decidir cómo tratarlo, es el tema de este libro.

Al experimentar por usted mismo la libertad que surge de aplicar estos principios, comenzará a ver las cosas con una perspectiva diferente. Sé que me pasó a mí. Si bien no *todos* los problemas del presente están relacionados con cuestiones del pasado, en aquellas áreas donde lo están, aplicar los principios presentados en este libro ha demostrado ser muy útil.

He incluido en los siguientes capítulos varias historias de la vida real de personas que han experimentado cambios en sus vidas a través del proceso de orar para extraer los problemas del pasado. Si usted es como yo, escuchar acerca de lo que otra persona ha pasado es tremendamente útil, especialmente cuando podemos sentirnos identificados con la persona de la historia. Espero que al leer estas historias usted se anime y comience a darse cuenta de que realmente existe esperanza. Además, espero que llegue a darse cuenta de que nuestra esperanza no está en el conocimiento de nuestra propia fortaleza para provocar el cambio, sino más bien en Dios mismo, en lo que Él ha hecho y en lo que puede hacer en nosotros, especialmente cuando cooperamos con Él.

Ha sido maravilloso a lo largo de los años ver cómo el Señor ha transformado distintas áreas en la vida de tantas personas al recibir oración por problemas de su pasado. Estas personas suelen asombrarse al ver cuán frecuentemente la dinámica de sus relaciones interpersonales puede cambiar. Como resultado, comienzan a ver la vida de una forma nueva. Consideran viejos y conocidos desafíos y pruebas de otra forma, y los encaran de otra forma. Los detalles de la vida asumen un nuevo significado y propósito. Por primera vez, estas personas logran entender el "por qué" de algunos sucesos de sus vidas, y las cosas comienzan a "tener sentido". Se sienten menos víctimas del pasado y más una fuerza participativa que modela su futuro. La tentación, si bien sigue siendo una lucha, suele no ser tan intensa. Y, finalmente, al dejar al Señor entrar y restaurarlas, se acercan más a Dios y experimentan su amor, misericordia y gracia más plenamente. A partir de esto, sus historias se vuelven medios para enseñar y ayudar a otros a experimentar lo mismo. Sus vidas se vuelven un testimonio vivo de lo que Dios puede hacer para provocar el cambio. Aprenden a ministrar desde las mismas áreas de debilidad que una vez las tenían sujetas. Y, en la medida que se acercan más a Jesús, su sanador, ayudan a otros a acercarse a Él también.

Lo que hace que la oración para extraer los problemas del pasado sea tan poderosa es que trata con los problemas alojados en el corazón y no sólo en la mente. Trata con el "corazón del asunto", de donde se originan muchos de nuestros problemas actuales. Orar para extraer algo arraigado en el corazón y luego experimentar cambios demuestra verdaderamente el poder increíble que pueden tener las heridas del pasado sobre nosotros. Esta experiencia hace que sea real el impacto de la siembra y la cosecha de nuestra vida. También nos muestra que nuestra respuesta a lo que nos sucede en la vida nos afecta no sólo a nosotros sino a quienes nos rodean también. Las heridas del pasado raramente son los asuntos privados que tal vez deseamos que sean. Suelen volverse heridas supurantes que tocan e infectan a los que nos rodean también. Una vez que Jesús pasa a ser el Señor de nuestra vida, comienza a "hacer limpieza" en nosotros. Este proceso continuo se denomina "santificación". La santificación es la forma que tiene Dios de hacernos más parecidos a su Hijo. Él desea que seamos más eficaces aquí en la tierra mientras nos prepara para el cielo. Dios nos ama tal como somos, pero también nos ama lo suficiente como para no dejarnos como estamos. Quiere sacar lo mejor de nosotros, mientras extrae lo peor de nosotros. Lo que ayudaría muchísimo es nuestra cooperación en

> *Dios nos ama tal como somos, pero también nos ama lo suficiente como para no dejarnos como estamos.*

este proceso. Pero esto es algo que usted y yo debemos escoger aceptar. A lo largo de nuestras vidas, Dios nos brinda oportunidades para ser moldeados y desarrollarnos. No tenemos que preocuparnos por cómo ocurrirá o cuándo. Nuestra parte es simplemente buscarlo a Él y cooperar con el proceso cuando ocurra.

Una de las formas en que he notado que el Señor intenta lograr la santificación en mí es permitiendo circunstancias o personas difíciles en mi vida que revuelven justo los problemas que necesitan ser tratados. Tal vez pueda sentirse identificado con esto. Cuando Dios hace esto, he encontrado que está trayendo a mi atención aquellas áreas que desea sanar específicamente. A menudo esta clase de experiencias no son divertidas, ni son algo que yo hubiera elegido. Pero, cuando estamos equipados con la comprensión de cómo reconocer cuándo esta clase de incidentes están vinculados con el pasado, he descubierto que puedo abrazarlos como oportunidades para cambiar.

Habiendo dicho esto, también debo mencionar que, si bien recibir la sanidad de heridas del pasado es importante, no es un "curalotodo" o un sustituto para desarrollar el carácter que viene sólo a través de la paciencia, la perseverancia y la resistencia. Tampoco nos libra de la necesidad de resistir la tentación, ser autodisciplinados, orar y buscar la ayuda de otros. Además, los problemas del pasado no resueltos nunca deben ser excusas para comportamientos o pensamientos pecaminosos. Por otro lado, no siempre son la razón detrás de nuestras luchas del presente. La marca distintiva de la madurez es asumir la responsabilidad por nuestros pensamientos, acciones y palabras, no importa cuál sea la situación.

Cuando estaba en la universidad, tenía un profesor que era también consejero profesional. Una vez dijo algo que me quedó grabado. Al referirse al aconsejamiento de otros, dijo: "Siempre estoy tratando de quitarme trabajo". Lo que me impresionó de esto era que su meta no era sólo ayudar a las personas desde su consultorio, sino también ayudarlas a continuar el trabajo por sí mismas cuando surgieran problemas en el futuro.

Si bien no hay forma en que usted o yo podamos ministrar a todos los que nos rodean o solucionar todos sus problemas, hay algo que podemos hacer. Una de las formas en que podemos hacer un impacto es aprendiendo acerca del proceso de sanidad de primera mano y luego compartir con otros las herramientas para el cambio que fueron efectivas para nosotros. Al relatar nuestras propias experiencias y luego equipar a otros con las "herramientas del oficio", podemos ayudarlos a abrazar el proceso de santificación por sí mismos y luego tal vez transferirlas a personas de su ciclo de influencia. Mi esperanza es que, a través de la lectura de este libro, usted aprenderá acerca de algunas de las excelentes herramientas para impulsar ese proceso en su propia vida, compartirlas y luego, como ondas en un estanque, dejar que toquen las vidas de personas que de otro modo jamás hubiera conocido.

He escuchado que se dice: "Dale a un hombre un pescado, y lo alimentarás durante un día. Enséñale a un hombre a pescar, y lo alimentarás toda la vida". Ojalá usted sea alimentado, pero que también aprenda a pescar y a enseñar a otros a hacer lo propio.

"¡Ya no está!"

Carlos vino a verme para pedir ayuda para superar el reciente rompimiento con su novia. Si bien la amaba muchísimo, hubo muchas ocasiones durante su relación en que se enojó con ella y se pelearon. Con mucho pesar, había llegado a darse cuenta de que esto, junto con algunas otras cosas, era lo que la alejó de él. El rompimiento también había hecho surgir algunos sentimientos negativos en él, que ya no podía ignorar. No importa cuánto intentara tratar de razonar consigo mismo o compartir sus sentimientos con personas cercanas a él, no parecía hacer demasiada diferencia. Había como una ira constante y latente en su corazón, ardiendo justo debajo de la superficie.

Cuando vino para nuestra primera sesión juntos, estaba bastante desesperado y sólo quería sentir algún alivio. Tenía mucho para ventilar, así que le pedí que contara libremente lo que había ocurrido. Al compartir más y más acerca de la relación, llegó a darse cuenta de que cada vez que se había comportado duramente con su ex novia, le transmitía el mensaje de que ella "no era suficientemente buena", aunque esa no fuera su intención. Irónicamente, era así como él también se sentía en su relación.

Sin embargo, no es raro que el Señor use circunstancias significativas de nuestra vida para conseguir nuestra atención.

Si él señalaba cosas que pensaba que ella debía considerar cambiar, ella lo asumía inmediatamente como una crítica. Esta era la fuente de muchos de sus conflictos.

Se sumaba a esto la forma dolorosa en que había terminado su relación. Como ella rompió con él tan abruptamente, él no había podido hacer un cierre. Ella no quería hablar con él de su rompimiento o escuchar nada que él tuviera para decir. Si la llamaba, ella no contestaba el teléfono ni devolvía sus mensajes. En consecuencia, se sentía como el "chico malo", y que *él* era el que no era lo suficientemente bueno. Peor aún, se sentía impotente para hacer nada al respecto. Todo esto lo hacía enojar muchísimo. Esta no era la primera vez que Carlos había experimentado el mensaje acerca de "no ser lo suficientemente bueno". En realidad, estaba bastante acostumbrado a sentirse así. Sin embargo, a pesar de sus repetidos intentos por superar esos sentimientos, volvían a surgir vez tras vez cuando se daban las condiciones adecuadas. Al escuchar a Carlos, realmente debía darle crédito. Su persistencia para seguir adelante, encarar las cosas y sacar lo mejor de la situación, a pesar de todo esto, era admirable. Pero estaba llegando al punto de sentirse más que un poco molesto y estaba listo para tratar con estos problemas en un nivel más profundo. Las últimas peleas con su novia fueron, en un sentido, la gota que colmó el vaso. Y no es raro que el Señor use circunstancias y personas significativas de nuestra vida para conseguir nuestra atención.

Durante nuestra semana juntos, Carlos compartió cómo había sido para él crecer. Recordó varias ocasiones en las que se había sentido igual que en la relación con su novia. Una fue cuando nació. Si bien su madre lo ama profundamente, al momento de nacer no quería tenerlo. Esto era algo que le había contado pero que él nunca lo había procesado antes realmente. Durante ese primer período, sus padres estaban luchando con su relación. Su madre se sentía no querida por su padre, como si ella fuera inferior o "no lo suficientemente buena". Aun cuando Carlos era un bebé, evidentemente había sentido el dolor de ella que luego internalizó acerca de él mismo. Esta decisión temprana lo preparó para ver la vida a través del "filtro" de esta mentira.

Carlos recordó también que, de niño, a menudo veía que su padre cumplía las promesas que había hecho a otras personas mientras rompía las que le había hecho a él. Esto lo había hecho enojar mucho, pero sentía que no podía hacer nada porque era un niño. Y era difícil cuestionar lo que estaba haciendo su padre. Al cumplir las promesas que hacía a otros, su padre estaba haciendo cosas buenas, ayudando a personas y trabajando duro para mantener a su familia. Pero Carlos igual se sentía devaluado, ya que las únicas promesas que parecía que su padre *no* cumplía eran las que le hacía a él. Esto reforzó la mentira que él ya había creído acerca de sí mismo: "no soy lo suficientemente bueno".

El padre de Carlos siempre ha sido muy generoso para con los demás, y trabaja arduamente para mantener a su familia. Estas dos características han sido un ejemplo tremendo para sus hijos. Pero hubo ocasiones en las que Carlos sentía que sus padres harían lo imposible por los demás mientras lo trataban demasiado duramente a él. Esto también lo hacía enojar. Peor aún, cuando él compartía sus sentimientos al respecto, sólo reaccionaban a su enojo y nunca escuchaban lo que intentaba decirles. A partir de esta experiencia, decidió que nadie le daría jamás un respiro.

Estas y otras experiencias comenzaron a contribuir a la forma en que Carlos se sentía en su interior, y a reforzar ese sentimiento. Era como si las semillas de esos tiempos de heridas se hubieran arraigado en su corazón, creciendo y creciendo, como malezas en un jardín.

Durante este tiempo intenso de compartir, puse por escrito los detalles de estas experiencias dolorosas. Escogí prestarle más

Las semillas de los mensajes de experiencias significativas y dolorosas se arraigaron en su corazón.

atención a las que tenían los mismos mensajes negativos que Carlos había estado experimentando nuevamente en su vida de adulto. Esto incluía especialmente los que tenían como tema "no soy lo suficientemente bueno". Luego, de tanto en tanto, hacíamos una pausa, cuando Carlos consideraba que estaba listo, para poder guiarlo a orar para extraer la raíz de estos y otros recuerdos similares. Al orar, compartiendo lo que había ocurrido, dedicó un tiempo a decirle al Señor cómo se sentía exactamente, todos los profundos sentimientos de ira, frustración y dolor. Esto permitió que su corazón se sintiera realmente escuchado. En medio del procesamiento de estos recuerdos, Carlos se dio cuenta de que había tomado otras decisiones negativas a lo largo del camino también. Eran del tipo "la vida es más difícil porque soy un varón", "a nadie le importó realmente" y "siempre tengo que cambiar".

La noche previa a nuestra última sesión juntos, le ocurrió algo muy duro pero sorprendente a Carlos. Había salido tarde, conduciendo el coche mientras procesaba sus muchos pensamientos. La siguiente cosa que recuerda es que se sintió guiado por el Señor a ir por una calle específica. Vio el coche de su novia estacionado fuera de una casa. Sin pensarlo realmente, salió de su coche y caminó hacia la puerta trasera de la casa, que estaba abierta. Decidió mirar adentro, y descubrió a su novia con otro chico. En el pasado, Carlos se habría enfurecido y probablemente hubiera golpeado al chico. También se habría enojado mucho con su ex novia. Pero, para su sorpresa, se asombró al ver lo calmado que estaba. No dejaba de estar profundamente herido por lo que había descubierto. Pero, en medio de la situación, no respondió como lo hubiera hecho normalmente en el pasado. Hasta sintió compasión por la chica por todo lo que había sufrido con él. Algo había cambiado adentro. Podía contenerse, y los viejos impulsos de arremeter contra otros ya no estaban. Además, esta situación especial le permitió hacer un cierre finalmente con su ex novia, a la vez que experimentaba el cambio en su corazón.

Cuando se retiró del lugar, dio vueltas en el coche tratando de procesar lo que acababa de ocurrir. Estaba consternado y dolido, pero asombrado por la paz que sentía. Entretanto, como había salido tan tarde y no había vuelto a su casa, su familia estaba preocupada de que algo malo le hubiera ocurrido y había llamado a la policía. Cuando llegó a casa, lo estaban esperando.

Anteriormente, cada vez que Carlos había tenido un encontronazo con la policía, habían sido duros, poco comprensivos e implacables con él. A menudo ni siquiera querían escuchar su versión de los hechos. Parecía que "la tenían contra él". Usted podrá imaginarse cómo lo habría afectado esto normalmente, sumado al incidente que acababa de tener esa noche.

Al principio la policía se mostró muy firme con él por estar afuera tan tarde. Pero, en vez de actuar como siempre, le hicieron un montón de preguntas y lo escucharon cuando les contó su encuentro con su ex novia. En realidad tuvieron una actitud bastante comprensiva, ofreciendo consejos y afirmación. Le aseguraron que estaba bien sentirse como se sentía. Un oficial hasta compartió que, si bien debía ser un "tipo duro" en el trabajo, a veces lloraba cuando estaba en su casa. Fueron amables y comprensivos con él. Por una vez, Carlos no se sintió juzgado sino más bien comprendido, como si finalmente fuera "lo suficientemente bueno" como para ser escuchado y apoyado.

Como resultado de orar por algunos de sus problemas del pasado, Carlos experimentó una nueva libertad en su corazón. Había ocurrido un cambio evidente. Esto le permitió verse menos tentado a reaccionar como lo hubiera hecho normalmente.

También era como si algo en él se hubiera "ido", algo negativo que solía tentar a la gente a tratarlo mal. Días más tarde, Carlos compartió conmigo que su ira interior realmente parecía haber desaparecido. En sus propias palabras, dijo: "Es tan fabuloso: ¡la ira ya no está!".

Perspectivas a cultivar

- ¿Conoce a alguien que le recuerda de algunas formas a Carlos? De ser así, ¿de qué formas?
- ¿Cuáles son algunas formas en las que usted puede identificarse con la historia de Carlos?
- ¿Qué encuentra significativo en la historia de Carlos?
- ¿Qué preguntas encuentra que despiertan en usted la historia de Carlos?
- Si fuera a saltar al final del libro y leyera algunas de las historias que se encuentran allí, ¿con cuál puede identificarse en su vida, y por qué?

Trabado en un ciclo

¿Alguna vez se preguntó por qué siguen ocurriendo ciertas cosas? ¿Se ha sentido alguna vez como Carlos, en el capítulo anterior, que no importa cuánto se esfuerce por cambiar o mejorar las cosas, nada parece hacer una diferencia? O tal vez encuentra que en algunos aspectos usted *ha* experimentado un cambio, pero no parece durar, o sólo obtuvo resultados parciales. Tal vez encuentra que se frustra, ¡o aun se enoja! Tal vez quiera darse por vencido y decir: "¿Qué sentido tiene?" o "Supongo que es simplemente mi forma de ser". Es como si estuviera trabado: lo intenta y vuelve a caerse, vez tras vez. La pregunta que le gustaría que le contestaran es: "¿Cómo rompo el ciclo?"

Tal vez usted es una de esas personas que nunca se dan por vencidas, pase lo que pase. Tal vez sea alguien que siempre se propone esforzarse y empeñarse más. Es bueno para desarrollar planes y fijar metas. Usted ora y estudia la Palabra de Dios. Lee libros y asiste a seminarios. Hace todas las cosas "correctas" que sabe hacer. Y, como resultado, en algunas áreas de su vida encuentra éxito, lo cual es alentador. Pero, en otras áreas, no importa cuánto se haya esforzado, simplemente no logra conquistar el problema de una vez por todas. Le cuesta ver un cambio *duradero*. Con el tiempo, encuentra que cae en los mismos patrones problemáticos.

Para algunos de nosotros, estas experiencias cíclicas parecen ocurrir mayormente en las relaciones. Con otros, tiene que ver más con circunstancias, como las finanzas o el trabajo. Tal vez nos hayamos encontrado diciendo cosas como: "¿Por qué sigo involucrándome con hombres que son...?" o "No importa cuánto me esfuerzo, parece que no puedo..." o "¿Cómo puede ser que cada vez que ocurre _____, entonces ocurre _____?". ¿Le resulta conocido este fenómeno? Si es así, lo aliento a seguir leyendo; las cosas en su vida podrían comenzar a tener más sentido.

Tal vez pueda sentirse identificado con estar trabado en un ciclo cuando se trata de la comunicación. Es mi caso. Solía ocurrir que lo que comenzaba como un intento de ser escuchado

10

por mi esposa se convertía en una batalla. Lo que comenzaba como una simple discusión a menudo se convertía en un "combate de boxeo". Al principio, pensaba que mis intenciones eran puras. Todo lo que estaba intentando hacer era ayudar a mi esposa a entender mejor mi punto de vista mientras destacaba amablemente el error de sus formas. Lamentablemente, lo que surgía eran rondas tras rondas de "esposo vs. Esposa", ¡una encarnizada pelea tras otra! (Al menos, ¡así lo sentía yo!)

Es que, a pesar de mis vehementes esfuerzos por compartir mis pensamientos constructivamente, lo que ocurría invariablemente era que ambos nos "trabábamos" en actitudes defensivas. Y luego, por alguna razón, cada vez que llegábamos a este punto, de pronto me encontraba luchando con la amnesia, olvidándome de todas esas cosas constructivas que uno debe hacer cuando "discute temas sensibles con su cónyuge". He notado que este fenómeno también parece estar relacionado en forma inversa a un aumento notable de la capacidad de recordar hechos "sucios" (golpes del pasado debajo del cinturón) cometidos por su cónyuge. Es triste decirlo, pero recordar y compartir estos hechos, por brillante que puedan parecer en el momento, nunca es bien recibido, y simplemente no produce el resultado que uno esperaba inicialmente.

En esencia, nadie termina sintiendo que fue escuchado. Ambas partes suelen encontrarse retrocediendo a sus rincones respectivos para lamerse las heridas por un tiempo y planificar la próxima ronda. ¿Le suena conocido? ¿Alguna vez da un paso atrás luego de una gran pelea y se pregunta: "¿Qué fue todo eso?" o "¿Por qué seguimos metiéndonos en discusiones tan tontas?".

Bueno, déjeme decirle algo. Si bien yo solía hacerme esas mismas preguntas, ahora puedo decir sinceramente que mi esposa y yo, por regla general, ya no nos peleamos así. Allá en el pasado, cuando lo hacíamos, simplemente desconocíamos el hecho de que había cuestiones del pasado sin resolver que nos afectaban, que interferían en nuestro estilo de comunicación y nuestra relación. La mayoría de esas cuestiones eran anteriores a nuestro primer encuentro. Pero, desde que llegamos a entender esta clase de cosas, hemos podido reconocerlas y encararlas. Tal vez no lo hagamos de forma perfecta, o el cien por ciento de las veces, pero al menos hemos encontrado una herramienta que ayuda de una forma verdadera y duradera.

11

Oración que toca las raíces

Tal vez haya asistido recientemente a un seminario, o haya leído algunos buenos libros sobre comunicarse y entenderse con otros mejor. Tal vez haya memorizado algo para ayudarlo cuando se encuentra en medio de un conflicto, algo como "Las seis claves para la comunicación eficaz". Hasta puede haber oído acerca de cómo esas claves han ayudado a muchísimos otros. Tal vez se sienta muy bien equipado para enfrentar lo que se le cruce en el camino. Tal vez hasta se ha sentido *entusiasmado* por probar estas nuevas técnicas con su jefe malhumorado o su cónyuge silencioso. Y, a veces, ¡he aquí que estas "seis claves" realmente funcionan! Como resultado, usted ha experimentado cierta medida de éxito.

Pero, si ha habido ocasiones en que –como mi esposa y yo– el éxito no parece durar, o es situacional, o no puede recordar lo que "debería" hacer, tal vez quiera considerar que hay otras cosas involucradas: problemas del pasado sin resolver.

Estos problemas existían en general antes de habernos conocido.

No me entienda mal. Siempre tendremos problemas que resolver, tentaciones que resistir y circunstancias que sólo requieren paciencia y autodisciplina. Pero, en algunas áreas de nuestra vida, donde hay cosas que parecen ser más difíciles y desalentadoras de lo que deberían ser, tal vez necesitemos mirar más de cerca, especialmente donde nos sentimos excesivamente vulnerables o sensibles, o donde encontramos que las personas tiene demasiado poder sobre cómo nos sentimos.

En algunos casos, nos hemos acostumbrado a lo que ocurrirá; casi lo podemos predecir. Como resultado, hemos desarrollado expectativas negativas sobre cómo serán las cosas "siempre". Nos encontramos pensando que tal vez estamos maldecidos o

Parece haber una guerra entre la teología de nuestra mente y la de nuestro corazón.

tenemos algún defecto permanente. Comenzamos a pensar que somos diferentes a todos los demás, que otros llegan a ser amados, pero nosotros no. En algunos casos hasta podremos ajustar nuestra teología actual para conciliar el conflicto entre lo que creemos que es verdadero y lo que hemos estado experimentando.

12

En esencia, parece haber una guerra entre la teología de nuestra mente y la de nuestro corazón. Comenzamos a pensar cosas como "tal vez ésta sea simplemente mi suerte en la vida, o la cruz que debo llevar" o, tal vez, "el gozo no es lo que pensaba que era" o podría ser algo como "Dios tiene sus favoritos, y yo no soy uno de ellos" o "¿podría ser que no le agrado a Dios?". A menudo ajustamos nuestra teología a fin de consolarnos, para encontrarle sentido a nuestra confusión. Lamentablemente, mientras algunos ajustan sus creencias para que coincidan con sus experiencias, otros simplemente se alejan de Dios. Tal vez reconozcan que existe, pero ya no están en una relación amistosa con Él. Escogen una relación más distante con Dios por sobre una relación íntima.

Durante muchos años luché en mi corazón con dudas acerca del amor de Dios para conmigo. Lo hice a pesar de todo lo que sabía que era verdadero acerca de Él. Pensaba que a Él yo no le importaba. Sentía que estaba librado a mí mismo para tratar de entender las cosas. Lo temía, sin saber lo que realmente pensaba de mí. Dios parecía distante y poco involucrado. Se me había enseñado que a Dios yo le importaba y estaba siempre cerca, que me amaba y quería una relación personal, y yo también la quería. Sin embargo, como esa no era mi experiencia, me resigné a la creencia de que una relación personal con Dios debía ser distinta a lo que había pensado originalmente. Sin embargo, un día descubrí que mi experiencia distorsionada era en realidad consecuencia de ser hijo de un divorcio y crecer en un hogar con mi padre ausente. Luego de orar por esas heridas, comencé a ver que la teología de mi corazón cambió y finalmente se alineó con lo que había llegado a creer originalmente acerca de Dios.

Tal vez usted pueda sentirse identificado con ser exageradamente sensible a ciertas personas o circunstancias. Yo lo fui durante muchos años. Algunas personas simplemente me hacían sentir inseguro de mí mismo, al punto que me volvía muy nervioso y cohibido cuando estaba cerca de ellas. Como resultado, las evitaba, por temor a hacer algo estúpido o embarazoso. Comencé a limitar mi círculo social y me encontré calculando mi próxima movida, a quién evitar, o planificando lo que diría o no diría, especialmente en un contexto grupal. ¡Todo muy agotador! ¿Le suena conocido?

Piense solamente en toda la energía adicional que usted y yo tendríamos si no tuviésemos toda esta actividad de evitar,

13

pensar y planificar. Pero cuando finalmente pude reconocer que había causas de raíz detrás de estas inseguridades y pude orar para erradicarlas, las cosas comenzaron a cambiar.

Ahora bien, hay personas que enfrentan la vida y las circunstancias de frente, no importa con lo que se les cruce, limpiando los desastres o ignorándolos mientras avanzan. Su lema es "¡más vale enfrentarlo, ya que es mucho mejor que no hacer nada!". Siguen adelante. Por cada cinco pasos que avanzan tal vez retrocedan tres. Pero consideran que al menos están avanzando. "Además", se dicen a sí mismos, "¿qué otra cosa puedo hacer al respecto?". Pero, ¿por qué no parecen retener *todo* el progreso que han logrado? ¿Hay algo más que podrían estar haciendo? ¿Y si nuestra paz realmente ya no dependiera de nuestras circunstancias? ¿Y si los demás ya no tuvieran el poder de "robarnos" nuestro sentido de individualidad o de redefinir quiénes somos? ¿Y si los cinco pasos hacia delante siguieran siendo cinco pasos hacia delante? ¿No sería maravilloso?

Muchos de nosotros nos hemos cansado de reducir nuestras expectativas de la vida. Las repetidas desilusiones han producido demasiadas heridas. Dentro de lo razonable, hemos supuesto que la vida debería ser de cierta forma, sólo para descubrir que no es lo que pensábamos. Como resultado, hemos ido haciendo concesiones en nuestras metas, aceptando menos y achicando nuestros sueños, todo en un intento por minimizar el dolor de la desilusión continua. Nos encontramos redefiniendo cosas como el amor, la familia, el matrimonio y lo que significa ser un hombre o una mujer. Hemos modificado nuestra visión de la vida para que cobre sentido algo que no hemos podido resolver o explicar. Algunos nos hemos dado por vencido por completo, haciendo que nuestra experiencia sea nuestra verdad. En vez de nadar contra la corriente, hemos decidido ir a la deriva y dejar que la vida nos lleve donde quiera.

¿Y si los cinco pasos hacia delante siguieran siendo cinco pasos hacia delante?

Yo solía creer que el gozo era sólo un estado de mente, una forma de pensar que no estaba relacionado necesariamente con los sentimientos que uno tenía. Solía creer que las recompensas y bendiciones eran cosas que uno podía experimentar en la próxima vida pero no debíamos esperar mientras estábamos aquí

14

en la tierra. Solía creer que la ira era un pecado, a pesar de lo que Efesios 4:26 dice: "Si se enojan, no pequen" (NVI). También solía creer que llorar era debilidad, que los hombres no eran capaces de ser sensibles, y que todas las mujeres eran controladoras. Tal vez estos pensamientos resuenan con sus propias creencias personales. Me alegro de decir que hoy he aprendido a ver estas cosas como las mentiras que son realmente y, a través de la oración, he sido liberado para redefinirlas correctamente en mi corazón.

Supongo que si usted ha leído hasta este punto ha comenzado a identificar algunas áreas de su vida que parecen encajar con lo que he estado describiendo aquí. Esto no ha ocurrido por accidente, ¡porque yo he orado para que ocurriera!

La pregunta ahora es: "¿Qué puede hacerse al respecto?". Lo que comparto en los siguientes capítulos es un método sencillo para descubrir "raíces amargas" del pasado y luego orar para erradicarlas y así liberarnos de la falta de perdón que nos ata a su influencia dañina en el presente. Este libro apunta a brindar una comprensión básica acerca de por qué a menudo nos quedamos trabados en patrones relacionales frustrantes y cosechamos circunstancias desafortunadas. Lo que es más importante, ¡apunta a equipar al lector con una forma bíblica de encararlos en el nivel de la raíz!

Perspectivas a cultivar

- ¿En qué tipos de ciclos y patrones negativos se ha encontrado trabado?
- ¿Cuáles son algunas cosas que ha intentado y que fueron útiles para tratar con ciclos y patrones negativos en su vida? ¿Por qué piensa que fueron útiles?
- ¿Cuáles son algunas cosas que ha intentado y que no han sido tan útiles para tratar con ciclos y patrones negativos en su vida? ¿Por qué piensa que no fueron tan útiles?
- ¿En qué áreas se ha encontrado reduciendo sus expectativas debido al desaliento y a la desilusión?
- ¿Cuáles son algunas de las cosas en la vida que usted ha redefinido como resultado de la desilusión? ¿De qué forma las ha redefinido, y qué creía antes?

Problemas de raíz

Mirad bien, no sea que alguno deje de alcanzar la gracia de Dios; que brotando alguna raíz de amargura, os estorbe, y por ella muchos sean contaminados.

Hebreos 12:15

La gracia de Dios o nuestra amargura, ésta es nuestra decisión. La gracia de Dios para nuestra amargura, ésta es la provisión de Dios.

Si alguna vez ha tenido un jardín con césped podrá sentirse identificado con el problema de tratar con las malas hierbas, especialmente los dientes de león. Usted sabe lo tenaces que son. Si los deja solos se propagan rápidamente, causando aún más problemas.

Unos años atrás, en un intento por librarme de algunos dientes de león, me puse a arrancar esos malditos cada vez que los encontraba en mi césped. Lo llamaba el método de "arrancarlos". Era simple, rápido y fácil. Y, por cierto, luego de sacar uno por aquí y otro por allí, ¡mi césped se veía estupendo! Pero a los pocos días me di cuenta de que estos dientes de león habían brotado de vuelta. ¡En algunos casos volvieron más grandes que antes, y se habían multiplicado! Así que me puse a sacarlos de vuelta, ¡y esta vez con más empeño! Saqué esas hierbas con una determinación aun mayor. Pero, a pesar de mi ahínco adicional, el método de "arrancarlos" no fue mejor solución la segunda vez que la primera.

Así que la clave es eliminar las raíces.

Pronto me di cuenta de que el método de "arrancarlos" adolecía de algunos defectos importantes. Por una parte, encontré que involucraba mucho trabajo y mantenimiento continuos. Es que había escogido este método en primer lugar porque funcionaba con otras malas hierbas, como las que uno

16

encuentra en su huerto. Pero, por algún motivo, no funcionaba con los dientes de león. Mi pregunta era: "¿Por qué no?". Bueno, como cualquier experto en césped le dirá, era porque no estaba tratando la raíz del problema, literalmente. Es que un diente de león desarrolla una raíz principal profunda. Si uno simplemente los "arranca", la parte superior de la planta se desprende dejando el sistema de la raíz en el suelo. Si bien las hojas han desaparecido y el césped queda hermoso, las raíces están muy vivas. Y de estas raíces la planta brota una y otra vez. Así que la clave es eliminar las raíces. Si no lo hace, las únicas opciones que tiene es continuar el método de "arrancarlos" indefinidamente, o simplemente darse por vencido y dejar que los dientes de león se salgan con la suya.

Cuando comencé a pensar en esto, me di cuenta de que los dientes de león se parecen mucho a los problemas de nuestra propia vida. En nuestro intento por eliminarlos, optamos en primer lugar por el método de "arrancarlos", lo cual da

Una raíz de amargura hará dos cosas: causará problemas y contaminará a muchos.

resultados inmediatos. Sin embargo, pronto descubrimos que este arreglo es sólo temporal, y los "dientes de león" vuelven a aparecer. Con este método, terminamos dedicando una gran cantidad de tiempo y energía intentando que las cosas parezcan estar bien en la superficie, sin tratar jamás con las raíces realmente. Y, al hacerlo, siempre tenemos que estar alertas a cuándo los dientes de león vuelven a aparecer.

A menudo, ni siquiera nos damos cuenta de que muchos de los problemas difíciles que estamos

Las raíces siempre están trabajando, creciendo y sustentando al árbol.

tratando provienen de un lugar de heridas oculto en la profundidad de nuestro corazón. Brotan de algo sepultado bajo la superficie, algo que hemos olvidado o algo de lo que estamos conscientes pero no queremos mirar. Dudamos que pueda haber algo bueno en mirar el pasado. Nos preguntamos qué haríamos con estas viejas heridas aun cuando fuéramos a descubrirlas. Tal vez ya hemos intentado tratar con "nuestras cosas". Pero descubrimos que nuestros intentos por hacerlo, con las herramientas que teníamos en ese tiempo, eran ineficaces. Y,

17

realmente, ¿quién quiere volver y mirar un problema sólo para volver a sentir la herida, especialmente cuando tememos que no existe ninguna solución? Es en este punto de la vida de la mayoría de las personas que la negación parece algo realmente bueno.

Sin embargo, apoyándome en mi gran experiencia en céspedes, creo que he encontrado las claves para tratar eficazmente con las malas hierbas, las de nuestro césped y las de nuestra vida. En realidad, todo se reduce a dos cosas. Primero, tenemos que eliminar las malas hierbas, incluyendo las raíces. Segundo, debemos mantener un césped saludable, fuerte y resistente a las malas hierbas con los elementos básicos: sol, agua y fertilizante. Es que un césped saludable dificulta el crecimiento de nuevas malas hierbas. Les quita lugar. Pero tal vez lo más importante es que, cuando eliminamos las malas hierbas a nivel de raíz, se reduce muchísimo –si no se anula por completo– la probabilidad de que vuelvan las viejas malas hierbas. Este es el foco principal de este libro: cómo tratar con las malas hierbas en nuestras vidas, incluyendo las raíces.

Hebreos 12:15 trata de este mismo tema. Básicamente dice que, si permitimos que haya en nosotros una raíz de amargura, hará dos cosas: será un estorbo (como los problemas recurrentes con los cuales luchamos) y contaminará a muchos. A nadie le gusta estar cerca de una persona amarga, así que es fácil entender por qué habría de contaminar a muchos. Las personas amargas tienden a ser irritables y negativas. Se meten fácilmente en discusiones y tienden a denigrar a los demás. Es muy difícil que no lo afecten. Cuesta no reaccionar ante una persona amarga o, peor aún, no volverse como ella si está mucho tiempo cerca de ella. Y después puede llevar un tiempo deshacerse de su influencia.

Raíces

Lo que he notado es que las raíces tienen algunas características clave. Por un lado, obviamente, están enterradas debajo de la superficie, ocultas a la vista. Como no las vemos, no pensamos en ellas. Raramente consideramos el impacto que están causando. Como tendemos a centrarnos en lo visible, no es de extrañar que pasemos por alto las raíces frecuentemente. No sé de nadie que diga: "Oye, ¡vayamos al bosque a ver las raíces!".

Una segunda característica de las raíces es que siempre están trabajando, creciendo y sosteniendo la planta a la que pertenecen. Como están cubiertas, uno no puede ver todas las direcciones en las que se mueven. Tampoco puede ver su tamaño, o lo que están haciendo. Pero la evidencia de su existencia se ve por encima de la superficie, en la planta misma, en sus hojas y su fruto. Sin las raíces, la planta se marchitaría y se moriría.

Ninguno de nosotros sostendría que, porque no podemos ver las raíces de un árbol, no existen. Tampoco nadie negaría que las raíces de un árbol estén haciendo algo porque no podemos verlas. Sin embargo, como Carlos, cuando se trata de nuestro pasado, ¿cuán frecuentemente hemos supuesto que, simplemente porque no somos

Requiere trabajo eliminar las raíces.

conscientes de él no nos está afectando? Sólo porque no estemos pensando en recuerdos dolorosos suponemos que no tienen ninguna influencia sobre nosotros. Algunos de nosotros hasta pensamos que, manteniéndolos enterrados, de alguna forma podemos evitar que nos afecten. Pero lo cierto es que, si bien las raíces están enterradas, siguen vivas y activas, una fuerza invisible que alimenta el árbol, o las malas hierbas, haciendo que crezcan.

Una tercera característica de las raíces es que se requiere trabajo para quitarlas. Uno no puede simplemente ignorarlas y esperar que se vayan. Uno tiene que excavar si quiere encontrarlas y librarse de ellas. ¡Hasta podría tener que ensuciarse algo! A veces requerirá mucho trabajo. Y, cuando uno se involucra realmente, tal vez necesite poner otras cosas en espera por un tiempo. Pero no deje que eso lo desaliente, porque al no excavar y extraerlas estará haciendo algo más que ignorarlas: en realidad, está alentándolas para que crezcan.

Cuando usted empieza a excavar tal vez descubra muchas cosas que han estado ocultas, olvidadas y enterradas. Parte de este trabajo es estar dispuesto a tratar con cualquier cosa que encuentre en el camino. Y, créame, si empieza a excavar *encontrará* cosas, buenas y malas. Usted querrá guardar las cosas buenas. Pero tendrá que encarar las cosas malas si quiere experimentar un cambio duradero. A la larga, realmente valdrá la pena.

Hay quienes suponen que, a menos que *sientan* algo con relación a su pasado, no tiene ninguna relevancia o efecto sobre el presente. Lo que no se dan cuenta es que la amargura, el resentimiento, el odio y cosas similares no son meramente sentimientos sino elecciones. Así que, aun cuando un sentimiento podría disiparse con el tiempo, cuando hay amargura involucrada se ha hecho una elección, y hay consecuencias que se ponen en movimiento. Estas consecuencias son lo que la Biblia denomina "estorbos" y "contaminación de muchos". Es engañoso suponer que los sentimientos son la única evidencia de si una herida del pasado tiene que ver o no con lo que estamos experimentando en nuestro presente.

Me he sorprendido al saber cuántas heridas de mi pasado quedaron arraigadas en el resentimiento y la amargura sin que fuera consciente de ello. Al recordar algunos de esos instantes, ciertamente sentí tristeza e ira. Pero, en otros casos, en realidad no *sentí* nada. Sin embargo, cuando oré por esos

No debemos ser gobernados por nuestros sentimientos ni debemos ignorar nuestros sentimientos.

recuerdos (reconociendo que tal vez me había sentido amargado porque los patrones de mi vida así lo indicaban), experimenté un cambio. Esto comprobó que en realidad *había* sembrado amargura en mi pasado, a pesar de mi incapacidad de sentirlo.

Tome, por ejemplo, el caso de Carlos, en la historia del principio. Inicialmente no estaba consciente de que se sentía amargado por algunas cosas de su pasado. Estaba muy en contacto con sus sentimientos de dolor hacia su novia, pero esos parecían ser los únicos "sentimientos" de los que estaba consciente. Cuando reflexionó sobre momentos similares de su pasado, pensó inicialmente que no tenían demasiada importancia. En realidad, pensó que probablemente había perdonado a sus ofensores en esas circunstancias porque no sentía ninguna animadversión hacia ellos. Pero, al orar por esos momentos, los resultados confirmaron que ciertamente había estado albergando amargura muy dentro de él hacia esas personas. Y, al liberarlas finalmente a través de la oración, pudo abrazar la sanidad y la libertad que estaba buscando para sus problemas del presente.

Es importante que escuchemos nuestros sentimientos (Proverbios 4:23; Lucas 6:45), si bien no debemos ser gobernados por ellos. Nuestros sentimientos (o la falta de ellos) son meramente indicadores, como los instrumentos de un coche. Nos brindan realimentación e información. Nos dicen que algo importante está sucediendo y nos dan alertas. No debemos ser gobernados por ellos ni debemos ignorarlos. En realidad, nuestra mente y nuestro corazón necesitan trabajar en conjunto.

Como ocurrió con Carlos, había una mentira alojada en su corazón de que él nunca era lo suficientemente bueno. Todo lo que se requería era que alguien sugiriera que no era lo suficientemente bueno para que se viera tentado a reaccionar exageradamente.

> *Una vez que las mentiras se alojan en nuestro corazón, nuestro corazón responderá a esas mentiras.*

Esta sobrerreacción era un indicador que nos llevó a pensar que podría haber un problema más profundo que valía la pena investigar.

Cada vez que sobrerreaccionamos, es inevitable que se involucren nuestros sentimientos. Estas reacciones exageradas suelen estar basadas en mentiras; mentiras acerca de lo que hemos estado creyendo acerca de nosotros mismos, nuestras expectativas, nuestras necesidades, y quiénes somos. Creencias tales como "nadie me ama" o "no puedo esperar que me sucedan cosas buenas" son ejemplos de esto.

Estas mentiras pueden involucrar también lo que creemos acerca de otros, como "todos los hombres son imbéciles". O pueden involucrar nuestra visión de la vida, como "la vida es injusta". Es durante circunstancias dolorosas que tendemos a ceder a estas mentiras. Pero la mayoría de nosotros no nos damos cuenta de que estas mentiras echan raíces por nuestras respuestas pecaminosas a las heridas del pasado.

> *Sólo porque ya no esté en contacto con la amargura de ayer no significa que no producirá estorbos.*

Una vez que las mentiras se alojan en nuestro corazón, nuestro corazón comienza a interpretar nuestras experiencias a través de ellas. Y, a partir de ellas, respondemos.

Así que sería de esperar que, al cambiar nuestras creencias, nuestros sentimientos cambien también. De ser cierto, entonces ¿por qué simplemente creer otra cosa parece funcionar en algunas áreas pero no en otras? ¿Por qué empeñarse a través de

Oración que toca las raíces

la disciplina y la resistencia trae algún cambio algunas veces y, sin embargo, otras veces parece ineficaz? Una razón es porque necesitamos *hacer elecciones* que guarden relación con esas creencias y tomar acción. Además de tener un sistema de creencias correcto, debemos aplicar nuestro esfuerzo a romper los malos hábitos mientras trabajamos para crear buenos hábitos. Sin embargo, cuando se trata de *mentiras* alojadas en el corazón, a menudo debemos dar un paso más profundo. Es que cuando estamos tratando con una mentira encontramos que las creencias de nuestro corazón siguen volviendo a la mentira a pesar de nuestra autodisciplina y mejores elecciones. En tales instancias, debemos tener en cuenta que esto puede deberse a una amargura oculta que fue nuestra respuesta a un tiempo en que fuimos heridos. La falta de sanidad y perdón en esa área es lo que sigue perpetuando la mentira. La mentira, a su vez, sigue alimentándose de nuestra herida, lo cual no permite que ocurra un cambio duradero. No habrá conocimiento de la cabeza suficiente para cambiar el corazón de uno cuando la amargura lo tiene aferrado. El conocimiento de la cabeza sin duda es útil para identificar las mentiras de nuestro corazón. Y claramente nos ayuda cuando estamos luchando contra ellas. Pero el verdadero cambio del corazón sólo ocurrirá cuando descubramos y tratemos los problemas de raíz de amargura.

He escuchado decir: "Oh, lo que me ocurrió fue hace mucho tiempo", como si cuanto más nos distanciáramos de nuestro pasado, menos nos afectara. Pero el pasado es simplemente el pasado, sea hace veinte segundos o hace veinte años.

El tiempo da una oportunidad para encarar las cosas.

La única diferencia es que una raíz de amargura de veinte años ha tenido más tiempo para crecer y producir estorbos que una raíz de veinte segundos. Sólo porque ya no esté en contacto con la amargura de ayer no significa que no producirá estorbos hoy, o en el futuro cercano, para el caso.

Estoy seguro que ha escuchado el viejo dicho: "el tiempo cura todas las heridas". Pero he encontrado que esto no es precisamente cierto. Una herida *puede* sanar con el tiempo si no hay nada que perpetúe su condición (como la amargura). En algunos casos, una herida puede *empeorar* si no se la atiende adecuadamente. Sin embargo, con el cuidado correcto, bajo las condiciones correctas, una herida casi está *garantizada* que se

22

sanará. La atención y el cuidado adecuados promueven la sanidad. Cuando se trata de la negación, el tiempo sólo nos distancia de nuestro pasado. Puede parecernos que el tiempo nos permitió ganarle a nuestro dolor o mantenernos adelante de él, pero éste termina por alcanzarnos.

Lo que el tiempo puede hacer también es darnos una oportunidad para encarar las cosas. Pero depende de nosotros si lo hacemos. Yo lo alentaría a tomarse tiempo para considerar las "malas hierbas" de su vida, y a ver si tal vez podrían estar conectadas realmente con una "raíz de amargura".

Estorbos

Años atrás, solía ayudar a mi padre a cortar la leña para el fuego. En su jardín tenía muchos tipos de árboles, incluyendo varios eucaliptos muy grandes. Estos árboles crecían rápido y andaban bien en climas secos y cálidos. Sin embargo, uno de los problemas o "estorbos" de los eucaliptos es que desprendían mucha corteza y hojas, que cubrían el suelo. Como resultado, les costaba mucho a las demás plantas crecer debajo de ellos. No era poco frecuente ver tierra completamente estéril debajo de estos árboles.

Cuando convertíamos un árbol de eucalipto en leña, cortábamos todo el árbol, dejando sólo la base del tronco. Ahora bien, uno diría que después de esto el árbol simplemente moriría. ¡Pero estos árboles tenían la extraña capacidad de hacer brotar nuevas ramas del tronco, qué terminaba

"Los "estorbos" a veces pueden ser producto de una raíz de amargura, el resultado de nuestra respuesta pecaminosa a una situación dolorosa.

convirtiéndose en un árbol nuevo! Y, si se lo dejaba solo, ¡ese árbol crecía hasta ser aún más grande que el anterior! ¿Por qué? Porque no habían sido quitadas las raíces.

Ahora bien, como leña era excelente. ¡Teníamos una fuente de combustible renovable! Pero si nuestra meta era librarnos del árbol para poder plantar otras cosas en el suelo que lo rodeaba, este método era sumamente deficiente.

Esto no difiere demasiado de las raíces de amargura que siguen brotando en nuestra vida, causando estorbos. Como la corteza y las hojas descartadas, ¿encuentra usted que su propio

crecimiento personal está siendo obstaculizado por los estorbos de su vida? ¿Encuentra que usted pensaba que se había librado de un problema que terminar por volver a brotar?

Según el Diccionario Strong's, la palabra "estorbar" en Hebreos 12:15 ("causar dificultad", NVI) significa 'agolparse, molestar'. Sin duda puedo sentirme identificado con esa definición. Esto ocurre especialmente cuando se trata de esas circunstancias recurrentes y negativas que afectan mis finanzas, mi trabajo y mis relaciones. Y luego están esas *personas* de nuestras vidas... todos las tenemos... personas que causan dificultades, que contaminan, que de alguna forma parecen poder sacar lo peor de nosotros; personas que llevan una nube oscura sobre sus cabezas, vayan donde vayan.

Esta clase de estorbos se agolpan en nuestra vida, consumiendo nuestro tiempo, energía y recursos. Nos distraen de las cosas que realmente necesitamos y queremos atender. Y no parecen irse a pesar de nuestros grandes esfuerzos por enfrentarlos. Peor aún, hasta llegamos a anticiparlos y esperarlos con aprehensión porque son una presencia tan constante en nuestra vida.

Según señala Hebreos 12:15, nuestros "estorbos" a menudo pueden ser producto de una raíz de amargura, el resultado de nuestra respuesta pecaminosa a una situación dolorosa. Son el resultado o "fruto" que se produce.

El fruto bueno viene de raíces buenas, pero el fruto malo viene de raíces malas.

Cuando pensamos en la palabra "fruto" solemos pensar en cosas como manzanas y naranjas. Pero la palabra "fruto" no está limitada a este uso. En su sentido más amplio, se refiere a lo que se produce o reproduce. Es el resultado de los esfuerzos y acciones de una persona. Es lo que produce una fuente específica.

Los "estorbos" mencionados en Hebreos 12:15 son lo que uno llamaría "fruto malo". Estas son cosas producidas en la vida de uno que están relacionadas con una raíz de amargura. El fruto bueno viene de raíces buenas, pero el fruto malo viene de las raíces malas.

¿Todos los estorbos o dificultades son producidos por una raíz de amargura? La respuesta es un sonoro "no". Los estorbos ocurren en nuestras vidas por varias razones. Dios podría estar permitiendo ciertas dificultades a fin de edificar el carácter, o para desafiarnos y desarrollarnos. A veces simplemente estamos en el lugar correcto en el momento incorrecto, o en el lugar incorrecto en el momento correcto. A veces hacemos malas elecciones. (Por ejemplo, si usted no gasta el dinero sabiamente, no podrá pagar sus cuentas.) Vivimos en un mundo caído, así que estamos propensos a padecer cosas que tienen que ver con esa realidad.

A veces creamos nuestras propias dificultades, y a veces otros nos las crean. Independientemente de la razón, Dios quiere que aprendamos a responder a las dificultades correctamente, confiando en Él y buscándolo mientras crecemos en madurez.

La buena noticia es que hay algunos indicadores clave que revelan si el "estorbo" en cuestión surge de una raíz de amargura o no. Una vez que usted conozca y entienda estos indicadores, le resultarán sumamente útiles. Los trataremos con mayor detalle más adelante.

Pero, ¿qué es la amargura, exactamente? La amargura es, básicamente, una forma de falta de perdón. Es una elección, una falta de disposición para perdonar a alguien. Cuando escogemos retener el perdón, nos volvemos amargos. Nos volvemos incapaces de procesar y liberar nuestra pena correctamente. Al hacerlo, nos quedamos "trabados" en la herida; el dolor permanece en y con nosotros. A pesar de nuestros intentos por manejarlo, ignorarlo, negarlo, medicarlo o dejar que el tiempo lo sane, simplemente no se va. Se vuelve una molestia, siempre ahí, justo debajo de la superficie. Se vuelve un punto sensible, como un moretón profundo en nuestro brazo. Todo lo que se necesita es que alguien nos toque en el punto correcto y sentimos el dolor: "¡Ay!", reaccionamos. La persona no causó el moretón. Ya estaba ahí. Todo lo que hizo fue "cepillarnos a contrapelo", pero, vaya, ¡cómo duele! Dolió como la herida original. Tal vez no tan severamente, ¡pero con muchas reminiscencias de nuestro trauma original!

La mayoría de nosotros ni siquiera estamos conscientes del verdadero origen de nuestro dolor, el trauma original. De hecho, en la mayoría de los casos somos en gran medida *inconscientes* de que el dolor que sentimos cuando alguien nos cepilla a contrapelo está relacionado en realidad con nuestro pasado. Así que lo que nuestro corazón hace es proyectar lo que estamos sintiendo sobre lo que es tangible en el momento. Generalmente este es el ofensor actual, como nuestro jefe, nuestro cónyuge, los hijos, el perro, etc.

Cuando somos provocados de esta forma, a menudo respondemos sin pensar; sobrerreaccionamos. Podemos asumir una actitud defensiva, o retirarnos. Podemos huir. Hasta podemos volvernos a una adicción en un intento por encontrar alivio temporal. En todas estas cosas nuestro pasado sin resolver ahora se convierte en un veneno que nos afecta no sólo a nosotros sino también a todos los que nos rodean. Todo lo que hace falta es algo que haga contacto con nuestro dolor, algo que nos enganche, y la evidencia de la existencia de la raíz de amargura se manifestará a través de nuestra reacción, a menudo sin saberlo.

Aquí tiene algo que puede considerar cuando ve una reacción exagerada en usted. Pregúntese: "¿Podría ser que el estorbo, el fruto malo, que estoy experimentando en mi vida está relacionado con una raíz de amargura?

Contaminación

Aquí hay otra cosa que ocurre cada vez que hay una raíz amarga. Hebreos 12:15 dice que tiene la capacidad de "contaminar a muchos". La palabra "contaminar" significa 'mancillar, empañar, profanar' (Diccionario Strong's, 1890). A menudo, cuando pensamos en "contaminación" pensamos en su uso más común: el comportamiento o las palabras de personas que nos afectan, mancillando nuestros pensamientos. Nos sentimos contaminados por lo que alguien dice o hace; escuchar chistes verdes (colorados) o conversaciones con doble sentido, escuchar chismes, ver una película obscena o vulgar, o aun escuchar cierta música. Es como si alguien pusiera una gran manta sucia sobre nosotros. Lo llamo "ensuciarse espiritualmente".

Una analogía de la "contaminación a muchos" sería que yo estuviera cubierto de grasa y le doy un gran abrazo o le doy la mano a alguien. Algunas personas sentirían repulsión inmediatamente y darían un paso atrás, sin dejarme siquiera abrazarlas o darles la mano. Como resultado, yo podría sentirme rechazado. Otras personas podrían llegar a dejarme abrazarlas, pero luego les queda el problema de cómo quitarse la grasa. Podrían reaccionar más tarde enfureciéndose conmigo. Hasta podrían tener una actitud cortante o hablar mal de mí a mis espaldas. Pero luego hay todavía otros que están cubiertos ellos mismos de grasa. A estos no les importa estar conmigo porque, después de todo, "a la desgracia le gusta estar acompañada", así que compartimos nuestra contaminación. A veces la contaminación no es algo tangible. Es decir, no está asociada necesariamente con las acciones o palabras directas de una persona. A veces se trata simplemente de una sensación de ser ensuciado por la presencia y la actitud de alguien. Sentimos como si hay algo en la otra persona que nos afecta negativamente. Ese "algo que tiene" es lo que nos tienta a reaccionar mal hacia ella. O nos vemos tentados a rechazarla o

La contaminación nos tienta para tratar a la persona que la tiene de una forma acorde con su raíz de amargura.

a tratarla de alguna forma negativa. Es como si extrajera lo peor de nosotros. Lo que hace la contaminación es tentarnos para tratar a la persona que la tiene de una forma que está en línea con su raíz de amargura. Esto obra en ambos sentidos, porque mi propia contaminación tienta a los demás a reaccionar hacia mí de una forma acorde con mis raíces.

Tal vez conozca a alguien que parece invitar el rechazo dondequiera que vaya. O alguien que siempre atrae el tipo de atención errónea, sea que la esté buscando o no. Tal vez recuerde sentirse tentado a responder de igual forma aunque no hubiera sido su intención hacerlo.

Recuerdo una mujer que estaba buscando ayuda y oración por algunos frutos malos en su vida. En un punto de nuestro primer encuentro, me encontré queriendo ser sarcástico hacia ella, ciertamente algo que no correspondía de mi parte. Tuve que decidir repetidamente ignorar mi impulso. Resulta que pronto descubrí que ella había sido herida por el sarcasmo mientras crecía. Una vez que me di cuenta de esto, tenía sentido. Estaba siendo tentado por la contaminación de la amargura de ella hacia quienes la habían herido de esta forma antes. Esto también me hizo saber por qué tipos de problemas ella necesitaba que oráramos.

Otra vez, recuerdo enredarme en una discusión con un hombre durante nuestro tiempo de ministerio juntos. Se apasionó mucho tratando de defender algo que no era cierto. Pero cuanto más intentaba yo mostrarle su error, más acalorada se volvía la discusión. A pesar de presentarle evidencia sólida,

27

simplemente se enfurecía más y se volvía más insistente. Fue en este punto que me di cuenta de que estaba cediendo a su contaminación. Así que le dije: "¿Sabe qué? *Usted* es mucho más importante que ganar una discusión". Inmediatamente comenzó a compartir cómo su padre nunca le dejaba ganar una discusión. Así nomás, encontramos la causa de raíz de su contaminación. Obviamente, oramos para extraerla.

Mientras ministraba a una mujer, hace unos años, me encontré hablando sin parar mientras ella escuchaba atentamente. Me resultaba muy atrayente hacerlo. ¡Era una gran oidora! Pero percibía que algo no estaba del todo bien. E*lla* necesitaba ser escuchada. Era *ella* la que había venido para ser ministrada, y no yo. Así que me detuve y le pregunté si era habitual que ella fuera la única en escuchar. Me dijo: "Sí, pero no me importa". Se había acostumbrado tanto a que los demás acapararan toda la conversación que se le había vuelto algo normal. A partir de su herida del pasado, ella había asumido el papel de oyente. Y yo también había caído en las expectativas de su contaminación.

Esta clase de contaminación no es intencional. La persona no está queriendo tentar a los demás a responder de una forma que esté en línea con sus raíces. Más bien, la contaminación es producto de tener una raíz de amargura; ocurre naturalmente.

Lo que es importante mantener en mente es que no está bien que culpemos a otros por nuestro comportamiento erróneo cuando nos sentimos contaminados por ellos. En cambio, tenemos que considerar qué hay en nosotros que permite que la contaminación de ellos nos tiente a reaccionar así.

A menudo, cuanto más nos cuesta resistir la contaminación de alguien, mayor es el problema en nosotros que necesita ser tratado. Reconocer esto nos permite ver estas ocasiones como una oportunidad para tratar con nuestros propios problemas. Al reconocer nuestra reacción por lo que es, y luego identificar la causa raíz, entonces podemos orar para extraerla. Al hacerlo, entonces podemos trabajar para minimizar nuestra vulnerabilidad a la contaminación del otro.

Quiero enfatizar que la contaminación de los demás no nos *hace* responder de cierta forma. Simplemente nos *tienta* a hacerlo. Lo mismo ocurre en nosotros: no *hacemos* que los demás nos traten de cierta forma. Nuestra contaminación sólo los *tienta* a responder como lo hacen. Usted y yo somos responsables de nuestras propias acciones y reacciones, independientemente de la contaminación de cualquier otra persona.

A veces pienso en la contaminación como "pulsadores" que llevamos puesto. Cada pulsador tiene un rótulo distinto. Uno podría decir: "No necesito a nadie". Otro dice: "Nadie me ama", etc. Cada rótulo se refiere a una contaminación específica. Los rótulos son las mentiras que hemos llegado a creer acerca de nosotros, acerca de los demás, y acerca de la vida. Cuando alguien hace algo

Usted y yo somos responsables de nuestras propias acciones y reacciones, independientemente de la contaminación de cualquier otra persona.

que está en línea con esos rótulos, es simplemente como si oprimieran uno de esos pulsadores. Esto entonces hace aparecer el dolor asociado con ese pulsador, lo cual nos tienta a reaccionar de alguna forma inapropiada.

Imagine a dos personas paradas frente a frente, cubiertas de pulsadores. De pronto, por cualquier razón, una oprime un pulsador de la otra. La otra persona se siente herida y reacciona oprimiendo uno de los pulsadores de la primera persona. Lo que sigue es una "batalla de pulsadores". ¿Le suena? ¿Le resulta conocido?

En el fragor de la batalla, parece que nuestras únicas opciones son seguir oprimiendo los pulsadores del otro o retirarnos. Esta podría ser una razón por la que buscamos evitar a ciertas personas, para no involucrarnos en una "batalla de pulsadores" con ellas. Pero, en realidad, el problema no es tanto la otra persona, por irritante que pueda ser. Y el problema no es tanto con nosotros, sino *dentro* de nosotros. Si tan sólo pudiésemos desconectar nuestros pulsadores, entonces estaríamos menos propensos a reaccionar como lo hacemos. Es que no siempre podemos cambiar nuestras circunstancias, pero sí podemos cambiarnos a nosotros mismos.

Así como se requieren dos personas para bailar, se requiere una sola persona para dejar de bailar. Esto ocurre también en las "batallas de pulsadores", si tratamos con nosotros y nuestros propios problemas de raíz primero, en vez de atacar a la otra persona e insistir en que sea ella la que cambie.

Oración que toca las raíces

Al liberarse de la contaminación en nuestro corazón, podemos lograr un verdadero cambio en nuestras relaciones. Y, aun

El problema no es tanto con nosotros, sino dentro de nosotros.

cuando las personas que nos rodean nunca cambien, podemos al menos encontrarnos respondiendo de forma diferente a ellas. A través de la oración y el perdón podemos encontrar la libertad para decir lo que tenemos que decir o retirarnos, sin sentirnos como solíamos hacerlo. Tenemos la libertad para tomarnos el tiempo para pensar antes de responder inadecuadamente. Podemos sentirnos menos vulnerables y más seguros, menos controlados y más confiados. Si bien todavía podemos sentirnos tentados de tanto en tanto a reaccionar como antes, enfrentar la tentación no será tan difícil como lo era alguna vez. Y podemos comenzar a ver nuestra vida a través de anteojos nuevos, que no están manchados por nuestras expectativas negativas. A través de nuevos ojos, podremos ver a quienes alguna vez se nos oponían, más como Dios los ve.

La gracia de Dios

En Hebreos 12:15 somos alentados a no dejar de alcanzar la gracia de Dios. Es importante reconocer que perder la gracia de Dios, y recibirla, depende de nosotros, y no de Dios. Él ha puesto su gracia a nuestra disposición. Depende de nosotros recibirla. Así que, ¿cómo podemos dejar de alcanzarla? Bueno, antes de contestar esto, tenemos que conocer el propósito de la gracia de Dios.

La gracia de Dios tiene muchos propósitos y muchas aplicaciones. Con relación al enfoque de este libro, consideraremos específicamente dos de estos propósitos. El primero, es que Dios derramó su gracia para restaurar nuestra relación con Él. Esto se logró a través de la victoria sobre el pecado que nos separaba de Él. En concreto, Dios quiere una relación íntima con nosotros.

Otro propósito de la gracia de Dios es detener la producción continua de frutos malos en nuestra vida. A través de la cruz, Él hizo morir la cosecha de muerte como castigo por nuestros pecados.

A través del aconsejamiento y la introspección podríamos llegar a descubrir algunas de las situaciones de vida originales que nos tentaron a creer mentiras acerca de nosotros, de otros y

30

de la vida misma. Pero, ¿de qué sirve eso si no podemos deshacer los ciclos malignos que éstas han puesto en movimiento? La comprensión sola no sana el pasado, ni puede quitar su influencia contaminante. Simplemente esforzándonos más, siendo más disciplinados o haciendo afirmaciones positivas tampoco sanará el pasado. Estas herramientas son útiles para dar forma al cambio, pero no pueden quitar los efectos ponzoñosos que tiene el pasado sobre el presente. Aun recurrir a la negación o la renuncia del pasado no será de ayuda.

La gracia de Dios puede detener la producción de frutos malos en nuestra vida.

Es sólo por la gracia de Dios y mediante la aplicación de la obra muy real de la cruz que podemos detener la producción de frutos malos en nuestras vidas. ¿Y cómo llegamos a hacerlo? ¿Cómo recibimos esa gracia y cómo la aplicamos para la sanación de nuestros problemas de raíz?

Dado que fueron nuestras respuestas pecaminosas las que comenzaron a producir fruto malo en primer lugar, son nuestras respuestas pecaminosas las que deben ser extraídas. Esto se hace recibiendo la gracia puesta a nuestra disposición, confesando nuestras respuestas pecaminosas específicas a lo que nos ocurrió, perdonando a quienes nos lastimaron, y luego renunciando a las mentiras y juramentos que hicimos nuestras en respuesta a esa herida. Es cuando *no* hacemos esto que terminamos por "dejar de alcanzar".

Perspectivas a cultivar

• ¿De qué formas se ha encontrado haciendo mucho mantenimiento continuo simplemente para mantener a raya sus actitudes y su comportamiento?

• ¿Hay algunas áreas en las que ha decidido "simplemente dejar que el tiempo lo cure"? De ser así, ¿cuáles son? ¿Las has curado realmente el tiempo?

• ¿En qué áreas se encuentra sobrerreaccionando? Dé algunos ejemplos de cuándo ocurrió esto.

• ¿En qué áreas se encuentra subrreaccionando (retirándose o siendo pasivo)? Dé algunos ejemplos de cuándo ocurrió esto.

- ¿De qué formas se ha visto teniendo que resistir la contaminación de otra persona? ¿Cuál piensa que era el área no sanada de su vida que lo hizo a usted vulnerable a esto?

- ¿De qué formas ha visto a otros afectados por la posible contaminación que viene de usted, que los puede haber tentado a reaccionar a usted de alguna forma? ¿Cuál piensa que es la razón de esto?

Sembrar y cosechar

No os engañéis; Dios no puede ser burlado;
pues todo lo que el hombre sembrare, eso también segará.
Porque el que siembra para su carne,
de la carne segará corrupción;
mas el que siembra para el Espíritu,
del Espíritu segará vida eterna.
No nos cansemos, pues, de hacer bien;
porque a su tiempo segaremos, si no desmayamos.
Gálatas 6:7-9

Sembrar y cosechar fue idea de Dios. Obviamente, Dios tenía un propósito maravilloso para la siembra y la cosecha, porque Él es bueno. Él revela parte de quien es a través de lo que hace y crea. La siembra y la cosecha revelan la generosidad y la bondad de Dios, su deseo de complacernos. Es propio de la naturaleza de Dios bendecir, y Él quiere bendecirnos. Es su deseo que demos buen fruto como producto de nuestras elecciones, acciones, palabras y pensamientos. Durante la creación dio la orden y la bendición: "fructificad y multiplicaos" (Génesis 1:22, 28; 9:7). Este ha sido su deseo y propósito desde el principio mismo.

Desde el principio, el mundo fue un lugar donde, no importa lo que hiciera una persona, cosecharía a cambio. Este fue el programa de incentivos de Dios, recompensándonos por nuestros esfuerzos, alentándonos a crear y explorar.

Pero, cuando Adán y Eva desobedecieron a Dios, el pecado entró en escena. El principio de la siembra y la cosecha seguía vigente, pero ahora la cosecha podría venir del bien o del mal. Una naturaleza de pecado (Romanos 7:55ff) se agregó a la ecuación, y desde entonces los humanos han estado luchando con esa tendencia, esa tentación, de pecar. Cada vez que hacemos elecciones desde nuestra naturaleza de pecado, cosechamos frutos malos. Cuando hacemos elecciones en línea con lo que

está bien y lo bueno, cosechamos frutos buenos. Si usted es como yo, no tengo problemas en cosechar frutos buenos. Lo que me preocupa es cosechar frutos malos. Afortunadamente Dios ha provisto el medio perfecto mediante el cual podemos poner fin a los malo mientras seguimos cosechando lo bueno.
Dicho sea de paso, no sembrar no es una opción. En todo lo que hacemos, sembramos. Así que la pregunta es: ¿qué sembraremos: lo bueno o lo malo? Y, ¿cuánto sembraremos?
Dado que sembrar y cosechar es tan importante, necesitamos saber lo que significa. Todos "sembramos" en todo lo que hacemos, como en nuestras acciones, palabras o pensamientos.

Así que la pregunta es: ¿qué sembraremos: lo bueno o lo malo?

"Cosechamos" cuando el producto de lo que hemos sembrado vuelve a nosotros. La cosecha podría no ser inmediata, pero es segura. Por eso se nos alienta a "no cansarnos, pues, de hacer bien; porque a su tiempo segaremos, si no desmayamos" (Gálatas 6:9).
La "tercera ley del movimiento" de Newton es un ejemplo del principio de la siembra y la cosecha. Dice que "para cada acción hay una reacción igual y opuesta". Como resultado de esta ley, los científicos a menudo pueden predecir resultados a partir de un conjunto dado de condiciones. Además, pueden usar este principio a la inversa. A menudo deducen condiciones previas basándose en las acciones resultantes. De esta forma pueden "hacer trabajar" la ecuación en ambas direcciones. Esto permite cierto grado de previsibilidad, permitiendo considerar la causa posible a partir del efecto resultante. Lo mismo ocurre con el principio de la siembra y la cosecha.
El principio de la siembra y la cosecha se encuentra a lo largo de la Biblia también. Estos son sólo algunos ejemplos:

Condenar a otros
No juzguen a nadie, para que nadie los juzgue a ustedes. Porque tal como juzguen se les juzgará, y con la medida que midan a otros, se les medirá a ustedes. ¿Por qué te fijas en la astilla que tiene tu hermano en el ojo, y no le das importancia a la viga que está en el tuyo? ¿Cómo puedes decirle a tu hermano: "Déjame sacarte la astilla del ojo". ¡Hipócrita!, saca primero la viga de tu propio ojo, y entonces verás con claridad para sacar la astilla del ojo de tu hermano.
Mateo 7:1-5

Cada vez que condenamos las acciones de una persona, ponemos en movimiento la posibilidad de cosechar la misma condenación contra nosotros. Sin embargo, si lo que el otro hizo está realmente mal, está *bien* reconocerlo como tal y, de ser necesario, confrontar a esa persona. Lo que importa es *cómo* se hace esto. Cuando se hace correctamente, la confrontación necesita hacerse desde un lugar de compasión y preocupación, aunado con el autoexamen y la humildad personales, antes que de un lugar de condenación. En caso contrario, nuestra condenación del otro terminará recayendo sobre nosotros.

Estos versículos indican que nuestra capacidad de evaluar las acciones de otro se verá desvirtuada si estamos en una actitud de negación o no estamos tratando un problema similar que puede haber en nuestra vida primero. Este error de parte nuestra es lo que crea "la viga" en nuestro propio ojo y, como resultado, es lo que nos tienta a condenar lo que vemos en otros. A veces, nuestra "viga" surge de un

Nuestra condenación del otro terminará recayendo sobre nosotros.

resentimiento arraigado en una herida anterior. Cuando ocurre esto, vemos que, cuando nos encontramos en una circunstancia similar a la de nuestra herida original, no podemos ver la situación tal cual es. Esto es así porque nuestro resentimiento anterior nos lleva a centrarnos en las cosas malas de la otra persona y, por lo tanto, no vernos a nosotros mismos.

Considere este punto también: ¿por qué querría alguien escucharnos cuando señalamos algo incorrecto en su vida cuando está claro que nos encontramos en una actitud de negación con relación al mismo tema en nuestra propia vida? ¿Qué credibilidad tendríamos? ¿Acaso "la viga" en nuestro propio ojo no haría simplemente que la otra persona quiera condenarnos también? Por lo tanto, no deberíamos sorprendernos tanto cuando ocurre esto.

Un escenario muy frecuente es cuando, de niño, somos heridos profundamente por alguna ofensa repetida de parte de nuestro padre o madre. Entonces, desde ese lugar de herida, tomamos una decisión en nuestro corazón como: "Cuando crezca ¡*jamás* seré como mi padre (o madre)!". Ahora bien, puede tener algún sentido esa decisión, porque ¿quién querría ser como un padre o una madre que era negligente, cruel o abusador? Pero, como esta

35

decisión fue tomada desde la condenación, tiene el efecto contrario. Irónicamente, terminamos actuando exactamente igual o exactamente en forma opuesta a ese padre o esa madre. Para algunos de nosotros, la determinación de no ser como ellos sólo hace que nuestro corazón se centre en el comportamiento preciso que condenamos originalmente. Así que terminamos actuando exageradamente cada vez que vemos un comportamiento similar en nosotros y en otros. Para otros, nos volvemos lo contrario en un intento de evitar ser en nada como el padre o madre que nos disgustaba. Como resultado, ningún extremo da buen fruto. Cuando ocurre esto, nos sentimos frustrados, preguntándonos cómo puede ser que sigamos haciendo justo la cosa que juramos nunca hacer o ser.

Por ejemplo, de niño me había disgustado el uso que hacía mi padre de su autoridad y tomé la decisión de no ser como él. El resultado fue que coseché pasividad en mi propia autoridad. Era como si mi corazón estuviera reteniéndome en mi uso de mi autoridad, por temor a que yo pudiera ser condenado por hacer algo que se pareciera aun remotamente al ejercicio de autoridad de mi padre. Me volví aprensivo en el uso de mi propia autoridad, aun cuando lo hacía correctamente. A menudo, me disculpaba al dar instrucciones a otros. Carecía de fuerza en mi toma de decisiones, haciendo que los demás se sintieran inseguros con mi liderazgo. Transmitía la imagen de una persona insegura de sí misma y dubitativa, demasiado temerosa de ofender a nadie. Así que mi condenación de la autoridad de mi padre hizo que mi corazón condenara mi propia autoridad.

Pero una vez que "la viga" de mi propio ojo (la condenación que mi corazón había mantenido contra mi padre) fue removida por el Señor mediante la oración, comenzó un cambio. Por una parte, pude comenzar a ejercer mi autoridad sin temor o condenación. Pero, más importante, pude hacerlo en formas correctas en áreas donde mi padre podría no haberlo hecho, con lo cual mantenía la sabiduría que había aprendido mientras ya no tenía una condenación hacia él.

Honrar a los padres

Honra a tu padre y a tu madre,
que es el primer mandamiento con promesa;
para que te vaya bien, y seas de larga vida sobre la tierra.
Efesios 6:2, 3

Note que honrar a nuestros padres contiene una promesa. Si damos honra (esto es la siembra), la vida irá bien (la cosecha). Pero lo contrario también se cumple. Cuando *no* honramos a nuestros padres la vida *no* nos irá bien. Así que consideremos aquellas áreas donde la vida podría no estar yéndonos bien. ¿Podríamos haber deshonrado a nuestros padres en esas áreas? De ser así, ¿cómo?

Una forma de deshonrar a nuestros padres es a través de nuestras actitudes, como el odio, la amargura, cuando maldecimos, etc. En esencia, esto se hace manteniendo una actitud de falta de perdón hacia ellos. Ahora que somos mayores tal vez ni nos demos cuenta o recordemos que teníamos esas actitudes hacia ellos en el

Honrar a nuestros padres contiene una promesa.

pasado. O tal vez pensemos que, si bien los tuvimos en un tiempo, ya no es un problema. Pero el fruto de nuestra vida podría ser un fuerte indicador de que ciertamente tenemos falta de perdón acerca de algo.

Me he encontrado con personas que luchan con sus finanzas; nunca parece alcanzar el dinero. A pesar de sus esfuerzos por trabajar duro, aplicar buenos consejos financieros y no ser como su familia de origen, nada parece hacer una diferencia. Aun cuando finalmente logran ganar un poco de dinero adicional, no alcanza. Si bien podría haber otras razones, en algunas instancias descubrimos que lo que estaba ocurriendo estaba arraigado en su resentimiento hacia sus padres por "nunca tener lo suficiente". Por ejemplo, cuando eran niños vieron que el dinero se gastaba en alcohol o era mal administrado. Este era dinero que podría haber sido usado para comprar ropa decente o hacer cosas agradables durante las vacaciones, o aun comprar comida. Pero era desviado hacia otras cosas y, por lo tanto, nunca sentían que tenían suficiente de niños.

Las finanzas son sólo un área donde la vida podría no andar bien. Hay muchísimas otras, como las relaciones, el matrimonio, el trabajo, el reconocimiento personal, etc. La falta de perdón y, por lo tanto, la falta de honra, hacia nuestros padres puede afectar todas estas cosas. Pero podemos revertir el fruto malo de la deshonra escogiendo perdonar. El perdón puede cambiar nuestra historia de deshonrar hacia una nueva actitud de honrar, lo cual permite que la vida desde ese punto en adelante vaya bien, al menos en esas áreas específicas.

Dar

Dad, y se os dará;
medida buena, apretada, remecida y rebosando
darán en vuestro regazo;
porque con la misma medida con que medís,
os volverán a medir.
Lucas 6:38

Cuando pensamos en dar, a menudo pensamos en cosas que podemos hacer, como dar de nuestro dinero, energía, recursos y aliento. También damos cuando amamos a alguien, lo escuchamos o lo defendemos. Lucas 6:38 promete que dar (sembrar) asegura un retorno final (cosechar), y con aumento. Pero el acto de dar no está limitado sólo a cosas buenas. ¿Y si damos cosas como promesas rotas, una actitud insensible, regalos baratos, tiempo sobrante, mentiras, traiciones o adulación? ¿Qué podemos esperar a cambio? De nuevo, la forma en que sembramos será la forma en que cosechemos.

El espíritu o la carne

Porque el que siembra para su carne,
de la carne segará corrupción;
mas el que siembra para el Espíritu,
del Espíritu segará vida eterna.
Gálatas 6:8

Este versículo es muy directo: sembramos ya sea para nuestra naturaleza de pecado o para el Espíritu, y cosechamos según la misma especie. ¡Cómo me alegro de que Dios haya hecho provisión para tratar con lo que hemos sembrado para nuestra naturaleza de pecado!

Los ejemplos anteriores son sólo algunos de los lugares de la Biblia que ilustran el principio de sembrar y cosechar. Aquí tiene algunos más que usted puede buscar por su cuenta: Deuteronomio 28; Salmos 126:5, 6; Proverbios 22:8; Jeremías 4:3; Oseas 8:7; Mateo 25:14-30; 1 Corintios 9:11 y 15:42-44; Santiago 3:18. Tal vez quiera echarle una mirada más detenida a todo el libro de Proverbios. En muchos lugares, si bien no se usan las palabras "sembrar" y "cosechar" específicamente, sin duda aparece el principio.

Sembrar semillas

Ahora trate de imaginar todas las cosas que usted ha hecho y hará (sean acciones, palabras o pensamientos) como semillas. Cada vez que hace algo, es como plantar una de esas semillas. Y cada vez que planta una de esas semillas, germina y termina por brotar. Y, al hacerlo, lo hace según su propia especie, dependiendo del tipo de semilla que fue plantada.

...nuestra naturaleza de pecado en realidad se alimenta de los resentimientos ocultos y las raíces de amargura.

Al pasar el tiempo, la planta crecerá y producirá fruto. Algunas plantas maduran rápido, y a otras les lleva más tiempo, pero inevitablemente uno cosecha algo. Y este "algo" está en línea con el tipo de semilla que fue plantada. O, en este caso, el tipo de cosa que usted hizo.

Un resultado de la planta producida es, por supuesto, más semillas; *muchas* más semillas, que producen plantas futuras que aseguran un aumento. Este es el ciclo de sembrar y cosechar. Y todo esto resulta de plantar sólo unas pocas semillitas. Así ocurre con nuestras acciones, palabras y pensamientos.

Por ejemplo, alguien podría rechazarnos de cierta forma que, por supuesto, duele. Ahora bien, si tenemos un problema de raíz preexistente relacionado con el rechazo, entonces dolerá aún más. Si seguimos recibiendo rechazos, las mentiras de nuestro corazón relacionadas con ese problema aumentan al continuar nosotros respondiendo negativamente. Pronto comenzamos a incorporar otras mentiras. Podría comenzar simplemente con la creencia de que "nadie me quiere", pero luego le agregamos la mentira de que "hay algo malo en mí". A esto le agregamos "soy malo" y luego "no necesito a nadie". Es aquí donde ocurre el aumento, donde "añadimos ofensa al daño", y todo esto se origina en una pequeña raíz de amargura relacionada con el rechazo. Pronto la lista de las personas que sentimos que nos han rechazado ha aumentado también. Hasta podríamos llegar a creer que Dios nos ha rechazado también.

Cosas como la amargura, la deshonra, el resentimiento y la condena son la clase de semillas malas que nos vemos tentados fácilmente a sembrar. También podemos agregar a esta lista el odio, el desprecio, la venganza y la maldición. Estas son algunas de las respuestas posibles que podemos haber tenido ante

39

situaciones dolorosas que a menudo involucran a otra persona y su impacto sobre nuestras necesidades reales, sentidas y percibidas. Estas son elecciones pecaminosas que suelen estar respaldadas por sentimientos muy fuertes. Cuando no las encaramos, estamos escogiendo retener la falta de perdón hacia las personas involucradas.

Lo que tal vez no nos demos cuenta es que a menudo nuestra naturaleza de pecado en realidad se alimenta de los resentimientos ocultos y las raíces de amargura. Así como las raíces aportan nutrición al árbol, también nuestras raíces de amargura "alimentan" nuestra naturaleza de pecado. Cuando libramos nuestros corazones de estas cosas, nuestra naturaleza de pecado tiene menos para extraer. Mientras estamos en estos cuerpos siempre tendremos que batallar contra nuestra naturaleza de pecado. Pero la batalla puede ser menos feroz si privamos a nuestra naturaleza de pecado del alimento que le encanta: el pecado sin confesar, las mentiras y la amargura. Por una parte, esto podría explicar algunas de las dificultades que podríamos estar teniendo, pero, por otra, no podemos dejar que esto se vuelva una excusa para seguir en nuestro pecado.

Además, es bueno tener en mente que no todo lo que nos ocurre es producto de sembrar y cosechar. A veces, el Señor permite cosas en nuestras vidas a fin de edificar el carácter, enseñarnos, dejarnos ver nuestro potencial, sacar lo mejor de nosotros y alentarnos a buscarlo y profundizar nuestra relación con Él. Algunas cosas son simplemente sucesos naturales que escapan a nuestro control. Algunas son consecuencias de las elecciones que otros han hecho.

No todo lo que nos ocurre es producto de sembrar y cosechar.

De nuevo, necesitamos tener en mente que tenemos una naturaleza de pecado del que sólo nosotros somos responsables. También tenemos un enemigo que, de tanto en tanto, tenemos que resistir en batalla. No importa cuál es la causa de nuestras luchas actuales, Dios quiere que miremos a Él y aprendamos lo que nos esté queriendo enseñar. Estoy muy agradecido porque su gracia nos guarda de cosechar más de lo que ya tenemos (o tal vez deberíamos tener), y que es suficiente para nosotros, no importa cuál sea la circunstancia.[1]

---

[1] 2 Corintios 12:9 dice: "Y me ha dicho: Bástate mi gracia; porque mi poder se perfecciona en la debilidad. Por tanto, de buena gana me gloriaré más bien en mis debilidades, para que repose sobre mí el poder de Cristo". La

En algunos casos, tal vez hayamos sido realmente victimizados en algún punto, pero no tenemos que quedarnos como víctimas. Algunos de nosotros tal vez queramos culpar a nuestro pasado (o a personas de nuestro pasado) por nuestros problemas actuales. Y, sí, a menudo esas experiencias fueron muy difíciles y dolorosas. Nuestras necesidades pueden no haber sido honradas o satisfechas. Tal vez hayamos sido violados, dañados o abandonados, y esto puede habernos afectado muy profundamente.

Pero el problema no es tanto lo que realmente nos ocurrió sino nuestra respuesta a ese problema. Si hemos culpado a otros y los hemos mantenido en falta de perdón, seguimos vulnerables a ellos y a personas como ellos, así como a experiencias que nos hagan sentir así nuevamente. Si fue rechazo, entonces el rechazo se vuelve un blanco dentro de

El problema no es tanto lo que ocurrió en el pasado sino nuestra respuesta a ese problema.

nosotros, no porque fuimos rechazados sino *por nuestra respuesta pecaminosa* a quienes nos rechazaron. Todo nuevo rechazo que experimentemos parecerá tener una excelente puntería en acertar a ese blanco y volver a traer el dolor inicial.

Habiendo dicho esto, también tengo que subrayar que no toda mala experiencia es un fruto malo. Si nosotros, por la gracia de

Las malas experiencias de nuestro pasado no siempre producen fruto malo.

Dios, no tuvimos ninguna respuesta pecaminosa durante un tiempo negativo o doloroso, entonces no habrá ningún fruto malo más adelante. Y, aun cuando hayamos tenido una respuesta pecaminosa inicial a lo que ocurrió, si lo tratamos inmediatamente entonces tampoco dará un fruto malo. Si no fuera así, todos estaríamos atrapados como víctimas del pasado. Estaríamos trabados, creyendo que no había nada que pudiésemos hacer al respecto. Este tipo de pensamiento nos llevaría a sentirnos rehenes del pasado, prisioneros de quienes nos han lastimado. Y que, en cierto sentido, a menos que ellos

---

palabra "debilidad" en griego no se refiere a las debilidades pecaminosas de Pablo (de las que podía avergonzarse con razón), sino a sus aflicciones, necesidades, persecuciones y angustias por Cristo" (Comentario de Matthew Henry).

41

nos liberaran, se arrepintieran, nos pidieran perdón, nos dieran lo que necesitamos o recibieran el castigo que consideramos que corresponde, no podríamos liberarnos. Afortunadamente, me alegro de que no sea así. Al escoger perdonar a nuestros ofensores, en cualquier punto de nuestra vida, y al recibir el perdón por nuestra respuesta a la herida inicial, invitamos y permitimos a Dios que entre y redima nuestro pasado. Es aquí donde a Él le encanta convertir las cenizas en belleza, y hacer un testamento de su gloria y poder. Y es aquí donde su gloria se manifiesta en nosotros a través de la misericordia y gracia expresadas por su sangre derramada.

Perspectivas a cultivar

- ¿Cuáles son algunos de los propósitos de Dios con relación a la siembra y la cosecha?
- En el mundo que lo rodea, ¿de qué formas ha observado el principio de la siembra y la cosecha?
- ¿De qué formas ha visto a alguien cosechar del resentimiento que ha sembrado contra otra persona?
- ¿Hay algunas formas en las que usted ha hecho afirmaciones condenatorias acerca de otros? ¿De qué forma ha cosechado de esto?
- ¿Cuáles son algunas áreas de su vida que no andan bien? ¿De qué formas podrían estar posiblemente relacionadas con deshonrar a su padre o a su madre?
- ¿Cuáles son algunas áreas donde usted experimenta la mayor dificultad en luchar con su naturaleza pecaminosa? ¿De qué formas podría esto estar relacionado con una causa de raíz?
- Describa algunas ocasiones en las que usted experimentó que la gracia de Dios era suficiente en su debilidad.
- ¿Cuáles son algunas cosas por las que usted ha culpado a otros?

Características
de la cosecha

Porque nada hay oculto,
que no haya de ser manifestado;
ni escondido, que no haya de ser conocido,
y de salir a luz.
Lucas 8:17

Los pecados de algunos hombres se hacen patentes antes que
ellos vengan a juicio, mas a otros se les descubren después.
Asimismo se hacen manifiestas las buenas obras; y las que son
de otra manera, no pueden permanecer ocultas.
1 Timoteo 5:24, 25

El plan de Dios es que todas las cosas se vuelvan evidentes.

Así que, ¿qué evidencias pueden ayudarnos a distinguir entre los estorbos o dificultades que son producto de "sembrar y cosechar"" y los que no lo son? ¿Qué deberíamos buscar para ayudarnos a reconocer la diferencia?

Lo que tienen las semillas es que, una vez plantadas, si bien inicialmente están ocultas, con el tiempo darán evidencia de su existencia, cuando broten. No pueden permanecer ocultas para siempre. Cuando brotan, ellas mismas terminan por mostrarnos qué tipo de semilla se plantó originalmente. Y, si hubiera alguna duda en cuanto a qué especie es cuando la planta aún no está madura, la flor o el fruto resultante serán el testimonio definitivo.

Asimismo, conocer y entender algunas características clave acerca de la siembra y la cosecha puede ser muy útil para resolver las dificultades o estorbos. Esta información nos ayudará a reconocer la diferencia entre cuáles dificultades de nuestras vidas son el resultado de la "siembra y la cosecha" y cuáles no. Una vez que sepamos qué tipo de estorbos estamos enfrentando, sabremos qué tipo de solución aplicar.

La Biblia nos habla de algunas características clave que debemos buscar con relación a "dar fruto". Echémosle una mirada.

Productivo – ¿Qué tipo de fruto se está produciendo en mi vida?

Estacional – ¿Cuáles son los tiempos y condiciones específicas bajo los cuales se produce el fruto?

Persistente – ¿Qué parece persistir en mi vida, independientemente de lo que haga o deje de hacer?

Aumento – ¿Hay algún aumento de esta cosecha en mi vida?

Estas características son típicas para casi cualquier planta que da fruto. Dado que queremos mantener los frutos buenos y deshacernos de los frutos malos, centrémonos aquí en aquellas cosas que son características de dar fruto malo.

Tenga en mente que no todos estos rasgos necesitan ser evidentes a fin de rotular a algo como "fruto malo". Así como no todos los árboles están en la misma etapa de desarrollo, ocurre lo mismo con la cosecha en nuestra vida. Algunas semillas tal vez estén todavía en estado latente, esperando la estación (circunstancias) correcta antes de brotar. Otras han brotado, pero aún no está claro el tipo de fruto que darán. Algunas no han llegado, o podrían no llegar, a la etapa de aumento. Pero, cuando el fruto esté maduro, usted lo sabrá. Lo importante es reconocer que algo es un fruto malo no importa en qué etapa de desarrollo se encuentre, para que podamos empezar a hacer algo al respecto. Por lo tanto, examinaremos estas características con algo más de detalle.

Algunas semillas tal vez estén todavía en estado latente, esperando la estación (circunstancias) correcta antes de brotar.

Productivo

Por sus frutos los conoceréis.
¿Acaso se recogen uvas de los espinos,
o higos de los abrojos?
Mateo 7:16

Como en el trabajo agrícola, si uno siembra granos de maíz, obtiene tallos de maíz. Si planta semillas de manzana, obtiene manzanos. Las semillas que planta determinan el tipo de fruto que terminará cosechando. Por lo tanto, si tengo malas hierbas en mi jardín, ¡sé de qué tipos de semillas provienen! Ocurre lo mismo con nuestra vida. El fruto en nuestra vida da evidencia del tipo de semillas que hemos sembrado. En algún punto, el fruto madura, se hace evidente. Cuando es un fruto malo, es la forma que tiene Dios de hacernos saber que hay problemas del pasado sin sanar que necesitan ser abordados. Esta es la invitación de Dios y nuestra oportunidad para permitir que su gracia les ponga fin.

Cuando uno se lo propone, en realidad es bastante simple. Si usted tiene el fruto, entonces tiene una raíz. Y la raíz se asemejará al fruto. Por lo tanto, hay cierta previsibilidad cuando se trata de identificar la fuente del fruto malo en nuestra vida. Los problemas de raíz que dieron origen al fruto malo serán similares en apariencia.

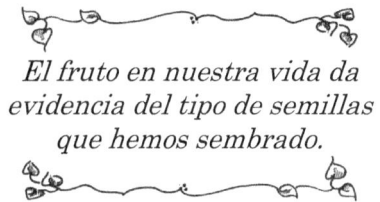

El fruto en nuestra vida da evidencia del tipo de semillas que hemos sembrado.

Si usted tiene un fruto malo que se manifiesta cuando está cerca de figuras de autoridad, entonces debería considerar que hay problemas de raíz por detrás. Es posible que usted haya hecho algunos juicios contra figuras de autoridad en el pasado. Tal vez tenga cuestiones de desconfianza con la policía, su jefe o sus maestros. En ese caso, es probable que haya juzgado una figura de autoridad anterior, como uno de sus padres, considerándola severa o no confiable. Dado que Dios es una figura de autoridad, hasta podría tener problemas para confiar en el Señor o para escuchar su voz con relación a cuestiones personales de su vida.

Un día salí a la sala de espera para saludar a una mujer que había venido en busca de ayuda. Al acercarme a ella, percibí que creía fuertemente que todos los hombres son imbéciles. Pero fue muy agradable y jamás mencionó nada que indicara que esa era una de sus inquietudes actuales. Luego de una media hora aproximadamente, aproveché la oportunidad y le pregunté si sentía eso, que todos los hombres son imbéciles. Sin titubear, espetó: "Bueno, lo son, ¿no es cierto?". Le aseguré que realmente había algunos "no imbéciles" en este mundo. Y ella respondió: "Entonces, ¿dónde están?".

Pronto supe que no importa dónde iba ella, se encontraba con hombres que eran irrespetuosos, desconsiderados y egoístas. Sea que ella lo esperara o que buscara comportamientos que *parecían* "imbecilidades" y se tomaba de esto, o si de alguna forma lo provocaba en los hombres, sus experiencias eran una parte muy importante de su realidad. Como resultado, le costaba a su corazón creer que los hombres pudieran ser algo distinto de imbéciles. Debido a sus juicios, experimentaba regularmente el fruto malo de esto en su vida. Y, por cierto, esto apuntaba a problemas de raíz relacionados con hombres en su pasado que se habían comportado como imbéciles y que ella, a su vez, había juzgado.

Recuerdo también que había un tiempo en que me sentía incómodo con los abrazos y las muestras de afecto. Al crecer, simplemente pensaba que había familias "abrazadoras" y familias "no abrazadoras", y que la nuestra era de las últimas. No recuerdo jamás haberme molestado por no recibir abrazos, así que no era gran cosa; al menos, así lo pensaba.

Pero un día comencé a reconocer la importancia de los abrazos. Llegué a ver cómo los abrazos promueven la confianza y dan seguridad, cómo quitan la vergüenza y nos hacen sentir aceptados, y cómo ayudan a que una persona se sienta amada. Así que tomé la decisión de intentar dar y recibir abrazos más frecuentemente. Sin embargo, cuando intentaba dar o recibir un abrazo, me seguía resultando muy embarazoso e incómodo. Me encontré queriendo dar abrazos de costado en vez de abrazos normales. Algunos amigos hasta me dijeron que podían darse cuenta de que estaba resistiendo sus abrazos. Con el tiempo, llegué a sentirme algo más cómodo con todo el "asunto de los abrazos". Pero no podía sacarme de encima la sensación de que estaba siendo mecánico. Finalmente llegué al punto de pensar que esto podría ser un fruto malo en mi vida, y que debería mirar más profundamente para ver dónde estaba arraigado.

Estacional

...porque a su tiempo segaremos...
Gálatas 6:9

Otra característica a buscar es la estacionalidad con la que nacen ciertos frutos. Es decir, si estudiamos los frutos malos de nuestra vida notaremos que aparecen sólo en ciertas situaciones y sólo en ciertos momentos. Y que esos momentos acostumbran a aparecer en forma estacional.

Donde vivo yo, hay granjas que llamamos granjas "Escoge tú". Aquí los dueños dejan que los clientes vengan y escojan sus propios productos frescos a un precio reducido. Uno de los lugares al cual vamos ofrece un gráfico de productos que muestra con anticipación las fechas en las que ciertos tipos de frutos y vegetales estarán maduros para recoger. Por ejemplo, muestra que entre mediados y fines de junio es el mejor momento para las fresas, y que mediados de julio es la mejor época para las cerezas. Cada fruta tiene su propia estación, y no hay forma de alterar el orden en el cual esas estaciones aparecen. Algunas estaciones son más cortas que otras. Por ejemplo, uno tiene sólo una ventana de dos semanas para escoger cerezas. Algunas estaciones duran todo el año, como los naranjos cerca de mi hogar de infancia, en California.

Algunas estaciones de dar fruto se superponen con otras, mientras que otras pueden llegar a desplazarse dependiendo de los patrones del clima para un año dado. Por ejemplo, algunas frutas sólo aparecen si una estación de crecimiento es larga y calurosa, mientras que otras necesitan ser precedidas

El dar fruto en nuestras vidas tiene sus estaciones también.

por un invierno muy frío. ¿Sabía que hay ciertos pinos cuyas semillas no brotan a menos que haya habido un incendio?

Otra caso. A algunos árboles frutales les lleva varios años antes de que muestren alguna indicación de dar fruto. Entretanto, están creciendo y desarrollándose. Así que podría requerir varias estaciones antes que veamos alguna fruta en ellos.

Una característica de las estaciones es que son cíclicas. Cada año, generalmente alrededor del mismo tiempo, cada planta o árbol frutal distintivo da su fruto.

¿Alguna vez se encontró diciendo: "¿Por qué me ocurre esto siempre a mí (cada vez que empiezo un trabajo o empiezo una nueva relación)?" o "¿Por qué sigo haciendo eso?"? Es como si uno estuviera atrapado en un ciclo. Y, si se fija, parece ocurrir con relación al mismo conjunto de circunstancias. Como resultado, usted tal vez haya comenzado a desarrollar una expectativa cíclica de que algo negativo ocurrirá, aun antes de que suceda.

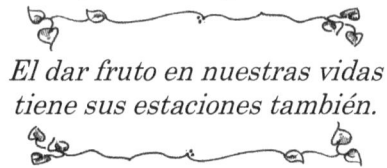

Esta es una pista de que pueden haber problemas de raíz involucrados.

En algunos casos, las estaciones de fruto malo podrían aparecer con una fecha específica en el calendario o en un tiempo específico del año, como un cumpleaños o un aniversario. Tal vez cada año se olvidan de su cumpleaños. O tal vez su cumpleaños no necesariamente queda olvidado sino que siempre termina siendo una desilusión. Para algunos, podría ser un mes o un día específico cuando algo terrible ocurrió, como una muerte o un divorcio. Una "estación que da frutos malos" habitual que estoy seguro que usted conoce es la Navidad. Lo que es importante investigar es qué podría haber ocurrido posiblemente en esas fechas en años pasados para causar tanto dolor en primer lugar.

Por supuesto, no todas nuestras estaciones tienen que ver con fechas o momentos propiamente dichos. A veces tienen que ver con el comienzo de ciertos tipos de relaciones, circunstancias de trabajo o transiciones de la vida. Por ejemplo, podrían ser cosas como casarse, tener hijos, comprar una casa, comenzar un nuevo trabajo, ir a una escuela nueva, etc. ¿Cuántas veces hemos escuchado: "Todo pareció cambiar una vez que nos casamos"? Lo que ocurrió fue que fue necesario entrar en la estación del

...recién cuando usted ingresó en esa estación de su vida se manifestó el fruto malo.

matrimonio (no el noviazgo, o vivir juntos) para que aparezcan problemas que no se habrían manifestado de otra forma. Lo mismo ocurre con tener hijos. Ciertos rasgos en usted y ciertas cuestiones de su pasado pueden no haber surgido hasta que nació su primer hijo. A veces se requiere un género particular de hijo (es decir, un hijo comparado con una hija, o al revés) para que aparezca el fruto malo. En todo caso, recién cuando uno ingresa a una estación muy específica sale a la superficie el fruto malo.

La estación podría involucrar también relaciones con sólo ciertos tipos de personas. Por ejemplo, el fruto malo podría ocurrir sólo cuando estamos con mujeres (u hombres). Podría ocurrir sólo cuando estamos cerca de personalidades pasivas o en presencia de "fanáticos del control".

La estación podría ser una circunstancia específica, como estar frente a un grupo, trabajar en finanzas o tener una discusión. Podría ser ciertas situaciones que requieren una respuesta, como tener que expresar sentimientos o tomar una decisión. Podría ser en el trabajo en comparación con el hogar, de vacaciones en comparación con la oficina.

Una vez identificadas, estas estaciones son una pista que nos pueden ayudar a encontrar la raíz amarga que necesita sanidad en nuestro pasado. La estación que produjo el fruto malo actual frecuentemente es similar a la estación del pasado cuando se sembró la semilla original.

En cuanto a mi incomodidad para dar abrazos y recibir afecto, las estaciones eran los domingos a la mañana en la iglesia y las noches de estudio bíblico (cuando todos se encuentra, abrazándose y dándose la mano). Sea cual fuere el caso específico suyo, sea cierta fecha, situación o tipo de persona con la que se encuentre, las estaciones pueden ser un indicador clave con relación a las raíces amargas que usted podría estar buscando.

Persistente

Sembraron trigo, y segaron espinos;
tuvieron la heredad, mas no aprovecharon nada;
se avergonzarán de sus frutos,
a causa de la ardiente ira de Jehová.
Jeremías 12:13

Como mencionamos en el capítulo anterior, mientras postergué tratar con las raíces, los dientes de león de mi césped prevalecieron. Todos mis esfuerzos anteriores habían estado centrados en tratar con lo que se estaba produciendo, lo que era evidente o estaba por arriba del suelo. Ciertamente, quitar las cosas que se veían era excelente, pero sólo por un tiempo breve. Los dientes de león persistieron porque mis intentos prácticos no eliminaron las raíces.

Tal vez usted pueda sentirse identificado con esto en su propia vida. Usted ha intentado toda clase de métodos para arreglar o deshacerse de los problemas. ¿Y por qué no probarlos? Estos métodos han demostrado que funcionan para otras aplicaciones. Pero, no importa lo que usted haga, no parecen funcionar de una forma duradera. En casos como estos, es hora de considerar los problemas de raíz que podrían ser los culpables.

Es que, si bien hay algunas personas que son expertas en "manejar" sus frutos malos, lo hacen a costa de un tremendo

Oración que toca las raíces

desgaste de energía y autocontrol, todo lo cual es sumamente agotador. Se encuentran ajustando su vida y sus relaciones para minimizar la posibilidad de que se manifiesten los frutos malos. Y, al hacerlo, sacrifican la "vida abundante" que Jesús quiere que tengamos cada uno de nosotros.

Una vez me encontré con un empresario que tenía que hacer un esfuerzo cinco veces mayor para lograr ganancias tres veces mayores. Gran parte de su energía y esfuerzos estaban dirigidos a compensar y tratar con las distracciones y contratiempos que enfrentaba constantemente. Esto puede parecer mucho trabajo y frustración para usted y para mí, pero para él era la única forma que conocía para avanzar. ¡Y era mejor que no hacer nada! Afortunadamente, tenía muchísimo empuje y determinación. No ocurre lo mismo con la mayoría de nosotros.

Algunas personas pueden recurrir a espiritualizar su experiencia, llamándola "guerra espiritual", "pruebas" o "llevar su cruz", cuando tal vez no sea nada de esto. Si bien en ocasiones ciertamente algunas de estas cosas podrían estar involucradas o ser el verdadero problema, también podría estar involucrada una causa de raíz.

Con relación a mi cuestión con los abrazos, cuando me propuse hacer un esfuerzo por abrazar a otros, pareció ayudar. Pero, a pesar de mis esfuerzos, no cambió la forma en que me sentía bien adentro. La sensación incómoda y mecánica con relación a los abrazos persistía. Lo mejor que podía hacer era seguir dando y recibiendo abrazos, aun cuando no me surgiera naturalmente. En la superficie, parecía que las cosas habían cambiado, pero por debajo sabía que todavía estaba luchando.

Aumento

...y produce a ciento, a sesenta, y a treinta por uno.
Mateo 13:23b

...pero si muere, lleva mucho fruto.
Juan 12:24b

No importa si se trata de maíz o de malas hierbas, la meta de la semilla es "aumentar": crecer, dar fruto y reproducirse. Todo lo que se requiere es tiempo y las condiciones correctas, y habrá un aumento finalmente.

Tome la mujer que consideraba que todos los hombres eran imbéciles. A principios de su vida había juzgado al primer

50

hombre que conoció como un imbécil. Fue su padre. Durante un tiempo, él parecía ser el único imbécil. Pero luego se encontró con otros hombres cuyo comportamiento similar reforzó lo que ella había sembrado en su corazón. Y, desde ese lugar de dolor, se vio tentada a volverse más amargada hacia los hombres. Pronto llegó a *esperar* que todos los hombres actuaran como imbéciles. Al continuar su vida, las cosas parecieron empeorar cada vez más con relación a los hombres que conocía. Lo que comenzó como un juicio contra un hombre creció hasta llegar a ser una actitud hacia varios hombres y luego aumentó para volverse una expectativa acerca de todos los hombres. La semilla produjo un aumento.

No es infrecuente ver cómo esto pasa al nivel siguiente. Cuando entramos en el matrimonio traemos con nosotros mucho equipaje: cosas buenas que vale la pena guardar así como muchas cosas podridas que realmente hay que tirar. Si una mujer se casa con una raíz amarga escondida que

La meta de la semilla es "aumentar": crecer, dar fruto y reproducirse.

dice que "todos los hombres son imbéciles", probablemente se casará con un hombre que a veces actúa como un imbécil. Y si no lo hace, ella extraerá o buscará cualquier "imbecilidad" que llegue a tener en él. Todo esto surge de las mentiras alojadas en su corazón a través de heridas del pasado según las cuales ella empieza a actuar. Si tienen hijos, probablemente éstos se verán tentados a juzgar el comportamiento de sus padres entre sí y luego comenzarán a creer mentiras similares también. A partir del dolor, las hijas podrán decidir que "todos los hombres son imbéciles", mientras que los hijos decidirán que "no se puede confiar en las mujeres". Y así tenemos un aumento que se traslada a la siguiente generación.

En cuando a mi lucha con los abrazos, no había un aumento aparente. Pero, si hubiera seguido pensando que simplemente era un "no abrazador" y escogía no tratar con esto, podría haber ocurrido un aumento. Si tenía hijos antes de tratar con este tema, probablemente hubiera trasladado esta mentira a ellos por la forma en que los trataba, o al no abrazarlos.

Al considerar un problema específico en su propia vida, pregúntese si exhibe alguna de las características de la cosecha. Si es así, entonces la buena noticia es que hay algo que puede empezar a hacer al respecto.

Perspectivas a cultivar

- Cuando piensa en las características de cosechar, sean cosas buenas o malas, ¿qué muestra esto acerca de Dios?
- ¿Cómo definiría un "fruto malo"?
- ¿Cuáles son algunas áreas, comportamientos o actitudes que usted tiene o había llamado "normales" y que tal vez sean fruto malo?
- ¿Cuáles son algunos rasgos y comportamientos que usted pensaba que eran simplemente su personalidad, pero que tal vez no lo sean?
- ¿Cuáles son algunas cosas acerca de las cuales ha llegado a tener expectativas negativas?
- ¿Cuáles son algunas áreas de su vida que parecen estar dando fruto bueno? Describa el fruto bueno.
- ¿Cuáles son algunas áreas de su vida que parecen estar dando fruto malo? Describa el fruto malo.
- Tome cada una de las áreas de su vida que ha identificado como fruto malo y conteste las siguientes preguntas:

    Productivo - ¿Qué se está produciendo en mi vida que hace que sea aparente que esto es fruto malo?

    Persistente - ¿Persiste este fruto a pesar de que he intentado detenerlo?

    Estacional - ¿Cuáles son los momentos o condiciones específicos en que ocurre el fruto malo?

    Aumento - ¿He notado un aumento? De ser así, ¿de qué formas he visto un aumento?

RIPE

(Maduro, listo para cosechar)

Sembrad para vosotros en justicia,
segad para vosotros en misericordia;
haced para vosotros barbecho;
porque es el tiempo de buscar a Jehová,
hasta que venga y os enseñe justicia.
Habéis arado impiedad, y segasteis iniquidad;
comeréis fruto de mentira.
Oseas 10:12-13a

Llevad con vosotros palabras de súplica, y volved a Jehová,
y decidle: Quita toda iniquidad, y acepta el bien,
y te ofreceremos la ofrenda de nuestros labios.
Oseas 14:2

Dios quiere que tratemos con nuestros frutos malos.

Un sábado a la mañana, mientras estaba acostado en la cama, me vino una palabra a la mente. Algunas personas tienen grandes ideas en la ducha, o cuando están manejando. Las mías parecen venir cuando estoy a punto de despertarme.

Sea como fuere, creo que Dios me dio esta palabra para ayudarme a recordar los pasos que uno necesita dar para procesar los frutos malos de su vida. Es el acrónimo RIPE (en inglés, significa MADURO en español) que simboliza las siguientes palabras:

Reconocer – reconocer el fruto malo
Identificar – identificar los problemas de raíz
Pedir – orar para extraer los problemas de raíz
Exhibir – exhibir frutos buenos

A lo largo de nuestra vida saldrán a la superficie distintos problemas y, al hacerlo, se vuelven evidentes; podríamos decir que "maduran". Al reconocer los frutos malos que maduran en nuestra vida, estamos en este punto en condiciones de identificar cuáles podrían ser los problemas de raíz que los acompañan.

Lamentablemente, para la mayoría de nosotros este fruto malo ya ha madurado bastante tiempo atrás y, a pesar de nuestros mejores esfuerzos (o de nuestra negación), se ha vuelto algo podrido y maloliente.

La buena noticia es que una vez que logramos identificar los problemas de raíz, realmente podemos hacer algo duradero con relación a esas cosas malolientes, orando para extraerlas. Esta "oración para extraer los problemas de raíz" es lo que prepara el camino para la producción de frutos buenos donde sólo existieron frutos malos alguna vez.

Los siguientes capítulos le darán una comprensión de las cuatro partes de RIPE: Reconocer, Identificar, Pedir y Exhibir. Además, se dan algunas ideas sobre el aspecto que pueden tener los frutos malos y dónde podría encontrarlos. Al lograr una mejor comprensión acerca de RIPE, usted sabrá qué hacer exactamente cuando el fruto malo madura en *su propia* vida.

Reconocer el fruto malo

Por sus frutos los conoceréis.
Mateo 7:16a

Porque el corazón de este pueblo se ha engrosado,
Y con los oídos oyen pesadamente, y han cerrado sus ojos;
Para que no vean con los ojos, y oigan con los oídos,
Y con el corazón entiendan, y se conviertan, y yo los sane.
Pero bienaventurados vuestros ojos, porque ven;
y vuestros oídos, porque oyen.
Mateo 13:15, 16

Dios quiere que veamos nuestro fruto malo y acudamos a Él para que pueda sanarnos.

Donde solíamos vivir, teníamos un jardín muy grande. Alrededor de la casa puse un césped que se extendía desde la calle hasta la casa y luego hasta la mitad del jardín. Dejé el resto como un campo abierto donde no planté nada de pasto. Era una especie de prado que nos hacía sentir como si viviésemos en el campo. De tanto en tanto cortaba el pasto en este campo para mantener las malas hierbas bajo control. Lo cortaba todo salvo donde había unos sectores de plantas con flores amarillas.

Es que estas plantas eran muy lindas, y además le daban color al jardín. Hasta donde sabía eran hermosas e inofensivas.

Pero un día me dijeron que estas plantas "hermosas" eran, en realidad, un tipo de hierba nociva llamada tanaceto. ¡Imaginen mi sorpresa! Luego supe que están clasificadas como hierbas nocivas porque ahogan los pastos del lugar, reduciendo la provisión de alimento para los ciervos y animales similares. Además, no son originarios del lugar, tienen un sabor amargo y la mayoría de los animales no las comen. Y no sólo eran consideradas "nocivas", ¡sino que descubrí que, por ley, debía eliminarlas!

¡Vaya! Así que yo, en realidad, estaba cultivando hierbas nocivas (sembrando). Además, estaba dañando los pastos y plantas naturales, a la vez que afectaba la provisión de alimentos para animales propias del lugar (causando estorbo). Y, finalmente, estaba ayudando a desarrollar y propagar sus semillas (cosechando con aumento), no sólo en mi jardín sino en el jardín de mi vecino también (contaminando a muchos), ya que las semillas estaban siendo dispersadas por el viento. Todo esto estaba ocurriendo antes mis propios ojos, y yo ni siquiera me daba cuenta del daño. Hasta entonces, nunca había pensado en hacer algo al respecto, ya que nunca había identificado a esas plantas con flores amarillas como un problema.

Tal vez la clave más importante al tratar con frutos malos es reconocerlos por lo que son. Si bien otros pueden ver y señalar nuestras áreas problemáticas, no se puede hacer nada al respecto hasta que las veamos y reconozcamos por nuestra cuenta.

Tal vez la clave más importante al tratar con frutos malos es estar dispuesto a reconocerlos.

Me dijeron que, cuando crecía, era un buen chico. Nunca "hacía olas", hacía lo que me decían. Me dijeron que tenía "una personalidad fácil". Esto me parecía bueno, y lo acepté como la forma que Dios me había hecho. Además, a menudo me elogiaban por ser así, con comentarios del tipo: "Qué lindo hombrecito eres" o "Eres un chico tan bueno".

Lo cierto es que mi "personalidad fácil" era, en realidad, una "personalidad pasiva" disfrazada y, por lo tanto, fruto malo. Pero nunca la consideré como tal hasta que me casé.

Todo esto salía a la luz cada vez que mi esposa y yo discutíamos. Ella comenzó a quejarse de que no podía tener una buena pelea conmigo porque era tan pasivo. Yo coincidía con cada tema que planteaba ella, y era siempre el primero en disculparme. Ella no encontraba una fuerza en mí contra la cual pudiera impactar con sus sentimientos. Yo no podía identificarme con ella ni encontrarme con ella en sus frustraciones, heridas e ira. Peor aún, mi comportamiento pasivo en realidad la hacía sentirse juzgada por tener los sentimientos que tenía. Ahí estaba yo, actuando de forma calmada, pacífica y contrita en medio de una "discusión" donde ella era la única que perdía los estribos.

Se sentía sola y desprotegida, y aun tratada condescendientemente. Todo esto no hacía más que exasperarla aún más. Pero en ese tiempo yo no entendía el problema que estaba creando. Sólo pensaba que era un buen tipo y ella estaba molesta de alguna forma.

Afortunadamente, un día Dios me dio cierta perspectiva. Esto ocurrió cuando me puse a pensar: "¿Podría ser este patrón en nuestras discusiones un fruto malo?". Al pensar en esto, comencé a ver que mi pasividad no hacía que mi esposa se sintiera amada, porque en realidad nos estaba alejando el uno del otro. Pronto comencé a darme cuenta de que había otras áreas de mi vida donde había fruto malo con relación a este mismo tema. Sólo que nunca lo había visto como tal hasta ahora. ¿Y cómo podría hacerlo? Durante toda mi vida había identificado "pasivo" como "fácil", y yo era así. Además, ¡había sido elogiado por esto!

Pero, al pensar más en mi niñez, recordaba cuánto me había costado siempre defenderme. Lo había manejado aprendiendo a evitar a los buscapleitos, convirtiéndome en el "buen tipo" de la facultad. Dejaba que las cosas "siguieran su curso" cuando debería haberme impuesto. También me costaba tomar la iniciativa.

Ahora, al estar casado, este rasgo de pasividad en mi personalidad afectaba especialmente a mi esposa. Yo creía que entendía lo que significaba asumir la iniciativa, pero no lograba ponerlo en práctica frecuentemente.

Es más probable que otros vean la "mostaza en mi cara"

Prácticamente iba flotando por la vida, dejando que otros tomen decisiones por mí. A menudo confundía esto con el Señor y su dirección.

También me di cuenta de que estaba motivado más por el temor que por el amor. A menudo, necesitaba el temor de que alguien se enoje conmigo para moverme. Y yo veía por qué ella estaba tan enojada: no quería ser ella la persona que tuviera que motivarme para hacer algo. Después de todos estos años de crecer pensando que era sólo un "buen tipo", finalmente comencé a reconocer algunos de mis comportamientos como los frutos malos que eran realmente. Además, llegué a ver cómo este fruto malo estaba lastimando y contaminando a quienes me rodeaban.

Una vez que pude reconocer mi pasividad como fruto malo, estaba listo entonces para buscar las causas de raíz. Pronto descubrí que mi fruto malo estaba arraigado en los tiempos en que me había dado por vencido, ocasiones en que había sentido que mis sentimientos no importaban. Recordé una vez que juzgué de joven a mi padre durante una discusión que tuvo con mi madre. Vi como imponía su autoridad sobre ella de una forma hiriente, así que tomé la decisión de nunca ser como él. También hubo ocasiones en que, de chico, mi propia ira no fue reconocida. Me sentí ignorado y llegué a creer que no servía de nada enojarse. Mirando atrás, me di cuenta de que mi madre no tenía tiempo para tratar con mis sentimientos. Estaba criando tres varones sola, debía trabajar a tiempo completo y estaba tratando de recuperarse del quebrantamiento de un divorcio. Ella es una mujer asombrosa, y le doy un crédito tremendo por todo lo que hizo por nosotros durante esos años duros. Y esto generó en mí el fruto malo de volverme pasivo.

Al comenzar a orar por estas raíces, el fruto bueno comenzó a aparecer. Parte vino enseguida. Parte en otras áreas requirió tiempo, a medida que más y más recuerdos aparecieron y pude orar por ellos.

> *Las circunstancias y los demás simplemente muestran lo que está en mí, revelando pistas acerca de mis raíces.*

Como resultado, me volví más capaz de "encontrarme" con mi esposa, ¡tanto en la conversación como en la "discusión acalorada"! Comencé a entender su ira y su frustración. ¡Y llegué a descubrir mi propia ira y frustración! Me volví cada vez más un amigo de ella y un mejor contrincante también. Con el tiempo, nos volvimos más cercanos, sintiéndonos ambos escuchados y comprendidos. También comencé a tomar más iniciativa con las cosas: tomando decisiones familiares, trabajando más duro para proveer recursos y fijando límites con los hijos. Llegué a estar motivado más por el amor que por el temor. Pero, de nuevo, el primer componente clave que comenzó este proceso fue que yo pudiera reconocer algo como el fruto malo que realmente era.

La falta de identificación de algo como fruto malo ocurre por varias razones. Una razón es que a algunas personas no se les ha informado que algo es fruto malo. Otras simplemente no ven que algo sea fruto malo aun cuando se lo hayan señalado. A algunos les encanta su fruto malo, así que ¿por qué dejarlo? Todavía otros prefieren la negación, ya que no creen que pueda hacerse nada con relación a su fruto malo. Y tal vez hayan intentado toda clase de autoayudas que no funcionaron y están simplemente cansados.

Estaba una vez en un picnic cuando uno de mis amigos me miró y me dijo que tenía mostaza en la cara. Obviamente, yo no podía ver mi propia cara, porque si no hubiera hecho algo al respecto. Y sí, cuando me limpié la cara me di cuenta que él tenía razón. Si bien me sentí algo avergonzado, me alegré de que a mi amigo le importé lo suficiente como para señalármelo. He encontrado que es más probable que otros vean "la mostaza en mi cara" que yo. La "mostaza" puede ser algo que estoy pasando por alto o algo de lo que simplemente no estoy consciente. Si bien su opinión puede no ser completamente precisa, a menudo hay algo de cierto en lo que dicen. Así que, si estamos dispuestos, sería bueno considerar que podría haber fruto malo que otros están viendo y que yo simplemente no logro ver por mi cuenta. Se requiere de humildad para poder recibir lo que nos ofrecen. Simplemente pídale a Dios que le muestre cómo separar "la paja del trigo".

A veces es difícil reconocer el fruto malo en nuestra vida, porque es simplemente algo que no estamos acostumbrados a hacer. Podemos ser sumamente diestros en reconocer el fruto malo en otros, pero cuando se trata de nosotros nos falta muchísima práctica. Por alguna razón, está en la naturaleza humana querer que otros cambien primero, o que cambien por nosotros. Nos resulta mucho más natural culpar a otra persona y asumir nosotros el papel de víctima. El problema con esto es que tiende a hacernos sentir que no podemos experimentar libertad hasta que otra persona (otra cosa) cambie primero. Esto nos pone innecesariamente a merced de ellas, dependientes de sus elecciones para que podamos experimentar alivio.

Años atrás, al buscar ayuda para mis conflictos con mi esposa, me reuní con un consejero amigo mío. Mostró mucha empatía. Escuchó bastante tiempo mi lado de la historia. Parecía saber que yo necesitaba compartir mis frustraciones y sentirme escuchado. En resumen, la mayoría de mis quejas giraban mayormente alrededor de frases del tipo: "Si tan sólo mi esposa cambiara, entonces..."

Pero en algún punto él sabía que yo necesitaba ser confrontado con mi falsa suposición. Así que me dijo: "Tu esposa tal vez nunca cambie", haciendo una pausa para lograr efecto. "Hay una sola persona que puede cambiar, y esa persona eres tú". Aquí sentí pánico: ¿Cómo podría seguir si mi esposa nunca cambiaba? Pero luego me di cuenta de cuánto tenía de la mentalidad de que "los demás deben cambiar primero". Para decirlo sencillamente, estaba siendo egoísta y egocéntrico. Así que decidí comenzar a seguir los consejos dados y trabajar sobre mí mismo, haciendo lo que estaba en mí poder hacer. Sí, necesitaba compartir mis frustraciones y heridas, pero también necesitaba centrarme en reconocer los frutos malos en mi vida. No puedo cambiar a otros, pero puedo cambiarme a mí mismo tratando con los problemas de raíz de mi

...en general... proyectamos nuestros temas del pasado sobre una persona o circunstancia del presente.

propia vida. En consecuencia, si los demás nunca cambiaran, al menos podría quitar las cosas de mi corazón que me hacían vulnerable a ser herido por otros.

Su paz y sensación de bienestar, ¿dependen de otros o de las circunstancias? ¿Cambian éstos cuando cambian aquéllos? Tal vez nunca consideró a esto como fruto malo. Yo sé que para mí la paz solía estar atada demasiado frecuentemente a mi relación con mi esposa.

Por cierto, cuando comencé a trabajar más en mis cosas y centrarme menos en mi esposa, hubo una diferencia. Y, con el tiempo, nuestra relación ha mejorado definitivamente; mi paz está más impulsada por mi interior. No sólo he sido bendecido por el cambio en mí, sino también se ha beneficiado mi esposa.

A veces no podemos identificar el fruto malo porque hay otros temas más urgentes.

Lo que suele ocurrir en una relación problemática es que proyectamos los temas del pasado sobre una persona o circunstancia del presente. No lo hacemos intencionalmente. Es algo que nuestro corazón parece hacer automáticamente como reacción a los problemas de raíz sin resolver de nuestro corazón. ¿Por qué? Porque *esta* persona que me acaba de irritar es tangible; está en el presente. Lo que esta persona ha hecho es recordar a mi corazón un sentimiento conocido de mi pasado. Pero, como no estoy en contacto con el problema relacionado con mi pasado, mi corazón sobrerreacciona, echándole la culpa de lo que siento a la persona cuyas acciones trajeron el recuerdo a mi corazón.

Si recuerda lo que compartí antes, había un hombre que proyectaba los temas con su padre sin resolver sobre mí al entrar en una discusión conmigo. Como yo era una figura de autoridad, y discutimos, fue todo lo que necesitó para sentir su dolor del pasado. Pero en ningún momento sintió conscientemente que esto tuviera algo que ver con su padre. Le parecía que tenía todo que ver conmigo, y siguió sintiéndose así hasta que yo hice algo que su padre no había hecho jamás, dejándole ganar y mostrándole que nuestra relación era más importante. Esto liberó a su corazón para comenzar a ver el fruto malo por lo que era y luego conectarlo con la causa de raíz correcta de su pasado.

A veces no podemos identificar el fruto malo porque hay otros temas más urgentes. Yo tuve un profesor en la facultad que, mientras viajaba en tren en la India, tuvo la oportunidad de conversar con un funcionario del gobierno. Como estaba interesado en diferentes culturas, le preguntó cuáles eran algunos de los típicos problemas psicológicos que enfrentaba la gente de ese país. El funcionario lo miró simplemente sin decir nada, como si no entendiera la pregunta. Así que volvió a hacerle la pregunta. De nuevo, el hombre miró al profesor, como sorprendido de que le hiciera esa pregunta. Finalmente, el hombre replicó diciéndole que la mayoría de las personas de la India probablemente no les preocupe ni estén conscientes de esa clase de pregunta. Están más preocupadas por cosas básicas, cómo dónde conseguir su próxima comida. La supervivencia básica era más importante; no podían permitirse el lujo de detenerse en sus necesidades psicológicas.

Tal vez la mayoría de nosotros no podamos identificarnos con la amenaza del hambre, pero podemos identificarnos con simplemente tratar de sobrevivir de día en día. He conocido a muchas personas que están tan absorbidas por temas legales, las finanzas o trámites de divorcio que no pueden detenerse a ver cómo su fruto malo podría estar involucrado en lo que están enfrentando. Al momento, toda su energía y tiempo están centrados en otros temas pendientes.

Pero, *si* logramos liberarnos lo suficiente como para poder identificar el fruto malo en nuestra vida, no debemos desalentarnos cuando atrae nuestra atención. Necesitamos verlo como Dios obrando para liberarnos, para que podamos hacer nuestra parte en cumplir su plan para nuestra vida. Es probable que justo esa cosa que nos irrita en este momento sea precisamente lo que Él está tratando de hacernos reconocer como fruto malo. También podría ser justo la cosa que está frenándonos de alguna forma hasta que oremos para eliminarla.

Perspectivas a cultivar

- ¿Por qué Dios quiere que reconozcamos nuestro fruto malo?
- ¿Ha habido algunas cuestiones en su vida que ahora ve como fruto malo, que originalmente no reconocía como tal?
- ¿Qué le impidió ver el fruto malo por lo que era?
- ¿Cuáles piensa que son algunas razones por las que les cuesta a las personas ver algo como fruto malo en su vida?
- ¿Cuáles son algunos comportamientos y actitudes frecuentes que ha visto en su familia, en otros o en la sociedad que suelen denominarse de una forma distinta a fruto malo?
- ¿De qué formas ha querido usted que otros cambien a fin de hacerlo más feliz a usted o hacer que su vida sea más fácil? Tómese un tiempo ahora y lleve estas cosas al Señor, confesando cualquier egoísmo de su parte y pidiéndole que lo ayude a ver cuál es la contribución de usted al problema. Y luego pídale la valentía para trabajar sobre usted mismo y su propio fruto malo, sea que la otra persona cambie o no.
- Haga una pausa y ore, pidiendo al Señor que lo ayude a reconocer el fruto malo en su vida.

Dónde se manifiesta el fruto malo

*Como yo he visto, los que aran iniquidad
y siembran injuria, la siegan.*
Job 4:8

Dios hizo las cosas sencillas para nosotros: lo que sembramos quedará en evidencia en nuestra vida a través de lo que cosechamos. Consideré que sería beneficioso brindar algunos ejemplos de fruto malo, ilustrando áreas donde suele manifestarse. Para ayudarnos en esto, he dividido estas áreas en tres agrupamientos básicos: fruto malo que se manifiesta con relación a nosotros mismos, con relación a los demás y con relación a nuestras circunstancias. Al leer las siguientes tres secciones del libro, podrá tener alguna idea de qué aspecto puede tener el fruto malo y dónde podría estar manifestándose en su vida. Hasta podría encontrarlo apareciendo de formas que no había notado antes. Al hacerlo, yo lo alentaría a compartir lo que ha descubierto con alguna persona conocida o de confianza, especialmente si esta persona también entiende los principios de la siembra y la cosecha. Al compartir sus observaciones en voz alta, obtendrá una mejor perspectiva y verá más claramente el fruto malo de su vida. Otra idea es registrar en un diario personal lo que ha llegado a descubrir.

Inspección del fruto
Lo que sigue es un ejercicio que podrá resultarle muy útil. Lo ayudará a determinar y aclarar si algo que usted sospecha que puede ser un fruto malo lo es o no. Así que asegúrese de dedicarle tiempo a esta parte.

Tome una hoja y trace cuatro columnas. Luego escriba lo siguiente:

Inspección del fruto			
Fruto malo	Estaciones	Persiste	Aumenta

Cuando reconozca una manifestación específica de un fruto malo en su vida, escríbalo en la primera columna. Luego complete cada columna correspondiente para cada tipo de fruto malo. Usemos mi fruto malo con relación a los abrazos como ejemplo. Bajo la primera columna yo escribiría: "Dificultad para dar y recibir abrazos". En la segunda columna pondría: "Cada vez que estoy en lugares donde las personas dan abrazos". En la tercera, escribiría: "Persiste aunque ponga esfuerzo en dar y recibir abrazos. Me siento torpe, incómodo y mecánico". Y en la última columna escribiría: "No". Si bien mis respuestas son cortas, usted debería sentirse libre para escribir todo lo que necesite para expresar sus experiencias. Y no olvide pedir al Señor entendimiento al hacerlo.

Al hacer este ejercicio a veces podría encontrar que lo que usted pensaba que era un fruto malo no lo es realmente. Sólo porque una persona tenga un mal día cuatro veces en una semana no significa necesariamente que esté experimentando un fruto malo. Recuerde que estamos buscando patrones específicos que indiquen que hay una causa de raíz más profunda del problema.

El fruto malo que se manifiesta en nosotros

Porque de la abundancia del corazón habla la boca.

Lucas 6:45b

Dios diseñó nuestro corazón para que nos diera pistas, a través de lo que expresamos, de lo que está oculto adentro, tanto bueno como malo. Al leer este capítulo, tal vez vea algunas similitudes entre los ejemplos que se dan y sus propias experiencias. De ser así, no se preocupe demasiado; esto no significa *necesariamente* que sea fruto malo en su vida. Tenga en mente las características de fruto malo: es productivo, persistente, estacional y aumenta. Use estas características como su guía.

Cuando hablo de fruto malo que se manifiesta "en nosotros", estoy refiriéndome a fruto malo que aparece en la forma que nos vemos, que se expresa a menudo en la forma en que nos comportamos y pensamos. Podemos creer una cosa en nuestra mente acerca de nosotros, mientras luchamos para creerlo en nuestro corazón.

La sobrerreacción también puede ser un fruto malo.

Tal vez luchemos con pensamientos negativos a pesar de lo que sabemos que es verdad. O luchemos con ser demasiado críticos hacia nosotros. A menudo, estos pensamientos nos resultan conocidos, pero a la vez son incómodos e hirientes, y están asociados con sentimientos que son debilitantes o interfieren con lo que necesitamos hacer. Podría parecer que luchamos en una lucha interminable para resistir estos pensamientos y mantenerlos a raya. Para algunos, ya no hay ninguna lucha, y simplemente han llegado a creer las mentiras de que son "estúpidos" y "no amados".

Para otros, el tema puede girar alrededor del deseo de castigarse por seguir haciendo "esa estupidez" de nuevo. Podría

haber un patrón de autosabotaje (como nunca poder terminar algo) junto con un temor del fracaso, o aun del éxito. Podrán encontrarse diciendo cosas como: "No puedo hacer nada bien" o "Nunca llegaré a nada". Como resultado de una derrota, pueden haber decidido: "Simplemente soy así".

La sobrerreacción también puede ser un tipo de fruto malo. "Reaccionar" suele ser apropiado, mientras que la sobrerreacción no lo es. Como me gusta decir: "El 'sobre' de la reacción suele venir de otra fuente". Así que, no importa cuán justificada sea nuestra *reacción*, debemos hacernos dueño y asumir la responsabilidad por la parte del "sobre".

¿Y de dónde viene la parte del "sobre"? Si este es un patrón en nuestra vida (y no sólo porque no nos sirvieron el café esa mañana), en general el suceso presente está recordando a nuestro corazón algo similar que experimentamos en el pasado. Así que el sobrante viene generalmente de un tema no resuelto oculto allí. "Porque de la abundancia del corazón habla la boca" (Lucas 6:45b). Por lo tanto, lo que hay en mi corazón terminará por salir, tanto lo bueno como lo malo.

Lo contrario es igualmente cierto, donde "sub" reaccionar es el fruto malo. Podremos volvernos personas que se retiran o actúan pasivamente como mecanismo de defensa para evitar el conflicto o revelar nuestro verdadero yo. Cuando esto es un fruto malo, suele estar arraigado en ocasiones en que se nos hizo sentir derrotados y nuestro corazón llegó a creer que nada que pudiésemos decir o hacer importaría. De aquí provienen las mentiras: "¿De qué sirve?", "Nadie me escucha igual" y "A nadie le importa cómo me siento".

El fruto malo suele aparecer en el campo de nuestros sentimientos.

El fruto malo aparece también en el campo de nuestros sentimientos. Esto podría verse en la incapacidad de llorar, sentir empatía o sentir pena. Algunos de nosotros tal vez no podamos sentir o reconocer ciertas emociones. Es como si las hubiésemos apagado o estuviésemos desconectados de ellas. Pero el hecho es que, aunque podamos haber entumecido nuestros sentimientos, aún los tenemos, aunque no nos demos cuenta.

En realidad, no existe tal cosa como un sentimiento no expresado. Si no sale como debería, saldrá "de costado", de formas en que no debería expresarse. Y, cuando sale así, no trae alivio. Frecuentemente ocurre a través de problemas físicos persistentes y repetidos, como jaquecas, sentimientos de depresión, úlceras, dolores de cuello y de espalda, problemas de sueño y enfermedades frecuentes. Esto no quiere decir que cada jaqueca u otra enfermedad física apuntan a una emoción contenida. Pero, cuando contenemos nuestras emociones, estos síntomas pueden ser evidencia de esto.

Cuando crecemos, ¿cuántos de nosotros hemos escuchado: "Los hombrecitos (o señoritas) no lloran" o "Si no dejas de llorar, te daré un motivo para llorar"? Es que si crecimos escuchando estas cosas de chicos y luego mantuvimos un resentimiento oculto en nuestro corazón por esto, ahora encontramos que las

...no existe tal cosa como un sentimiento no expresado.

lágrimas no aparecen, aun cuando ocurra algo que justificaría normalmente unas buenas lágrimas. ¿Nos sentimos incómodos cuando otros lloran, o les mostramos compasión? ¿Nos encontramos queriendo cortar nuestras lágrimas y aun las lágrimas de los demás? ¿Consideramos la expresión de sentimientos como una debilidad?

Los juicios que hemos hecho acerca de nuestros sentimientos pueden impedir que sintamos pena adecuadamente. La pena es algo que uno tiene que *atravesar*, y no rodear. El fruto malo de reprimir nuestros sentimientos puede ser por la incapacidad de sentir pena o simplemente la incapacidad de evitar quedarse atascado en el proceso de la pena. Esto ocurre porque es necesario reconocer y expresar la gama de sentimientos cuando salen a la superficie durante la pena.

En cuanto a mí, durante un período de tiempo comencé a reconocer diferentes formas en que tenía el fruto malo de reprimir mis sentimientos. Al trabajar en esto, ocurrió algo muy interesante. Sucede que durante años, cada vez que me corría la nariz por un resfrío, una gripe o una alergia, aparecía una infección de los senos nasales también. Pero un día noté que las infecciones de los senos se volvían menos frecuentes, al punto que raramente las tenía. Mirando atrás, era como si mis infecciones de los senos eran un síntoma de todas mis lágrimas y sentimientos contenidos durante años. Así que, no sólo recuperé mi capacidad para reconocer mis sentimientos, sino que también me libré de mi susceptibilidad a las infecciones de los senos.[2] Las adicciones son también muy a menudo producto de un intento por reprimir o entumecer el dolor de problemas del pasado sin resolver. Son, en esencia, un síntoma del fruto malo. El fruto malo es la seducción persistente hacia algún tipo de adicción para que desaparezcan los sentimientos que emanan de los problemas de raíz.

Como todos sabemos, es bastante perturbador tener un sentimiento negativo que aparece constantemente, sin saber exactamente de dónde viene. Esto ocurre especialmente cuando no desaparece, a pesar de la negación, el desplazamiento de la culpa, la bebida, etc. A menudo, es la parte del *sentimiento* de un recuerdo que viene a la memoria de nuestro

La pena es algo que uno tiene que atravesar, y no rodear.

corazón primero. Y, como es doloroso, queremos huir de él para evitar la herida y tener que recordar los incidentes que la originaron. El uso de alcohol, drogas o pornografía es simplemente una forma de "entumecer" la incomodidad brindando una distracción placentera pero temporal del dolor.

Lo que he notado es que la mayoría de nosotros tendemos a gravitar hacia algo que "funcione" para nosotros, es decir algo que encontramos eficaz para distraernos de nuestros sentimientos negativos.

Las adicciones son muy a menudo un intento por reprimir o evitar sentir el dolor de problemas del pasado sin resolver.

Ahora, usted podría decir: "¡Un momento! Yo no tengo ninguna adicción". La mayoría de nosotros, cuando escuchamos la palabra "adicción", pensamos en cosas como el juego, el alcoholismo, la pornografía, el consumo de drogas ilegales o el uso exagerado de medicación para el dolor. Lo que no nos damos cuenta es que las adicciones están determinadas por *lo que hacen por nosotros*, y no por una lista de actividades o cosas específicas.

---

[2] Es importante señalar que tener infecciones de senos repetitivas no significa que uno tenga problemas de raíz relacionados con la represión de los sentimientos. Si bien esto es una posibilidad, uno debe evitar hacer este tipo de generalizaciones, como decir que ciertos síntomas indican un problema de raíz específico. En cambio, cada problema de fruto malo aparente necesita ser considerado por su propia singularidad.

Con esta comprensión, nuestra lista de adicciones en realidad debería ser mucho más grande de lo que solemos reconocer. En realidad, nuestra lista debería incluir (sin estar limitado a esto) cosas como la comida, la adicción al trabajo, la televisión, los pasatiempos, la cafeína (café, chocolate, etc.), los videojuegos, Internet, la limpieza, las compras, las novelas románticas, etc. Muchas de estas cosas no son malas en sí mismas. Pero, lo que tenemos que preguntarnos es: "¿Por qué estamos atrapados por estas cosas?".

La televisión era una de esas cosas que "funcionaba" para mí. Solía mirar muchísima televisión. Me gustaba, me distraía. Entumecía la incomodidad que sentía por toda clase de problemas de raíz. El fruto malo era mi incapacidad de tratar con

...la mayoría de nosotros tendemos a gravitar hacia algo que "funcione" para nosotros...

mis sentimientos. El síntoma era mi adicción a la televisión.

El chocolate era otras de mis adicciones. Sin darme cuenta, lo estaba usando para tratar con mis sentimientos contenidos relacionados con la ira. Yo creía que simplemente me encantaba comer chocolate. Recién cuando recuperé mi capacidad de sentir ira me di cuenta de la relación. Porque cuando la recuperé, perdí mi *adicción* al chocolate. Noté que ya no tenía que comer docenas de galletas con trozos de chocolate para saciarme. Al reconocer mi incapacidad de enojarme como un fruto malo, y luego tratarla, mi adicción desapareció.

Como la televisión y el chocolate "funcionaban" para mí, entumeciendo mis sentimientos y evitando los problemas, ahora

Ser tentado no es un pecado, ni es necesariamente un fruto malo.

estoy más sintonizado en cuanto a mis deseos de tenerlos. Me resultan conocidos. Reconozco los sentimientos que me atraen hacia ellos. Cada vez que me veo queriendo consumir grandes cantidades de chocolate, trato de parar y preguntarme: "¿Estoy tratando de evitar algún sentimiento reprimido o un problema sin resolver?". Asimismo, cada vez que me veo atraído a ver episodio tras episodio de un programa de ciencia ficción que me gusta, trato de hacer una pausa para examinarme con más profundidad. Trato de preguntar al Señor si hay algo que estoy evitando.

Dicho sea de paso, aún me encanta el chocolate. Hasta tengo una jarra para café que alguien me dio que dice: "¡Vida, libertad y la búsqueda del chocolate!". Y está bien que todavía me encante. Lo que ha cambiado es el poder que el chocolate y la televisión tenían de seducirme para evitar ciertos problemas de mi vida.

Así que reprimir y evitar nuestros sentimientos suele ser fruto malo, pero expresarlos inadecuadamente también podría ser fruto malo. No debemos negar ni ignorar cómo nos sentimos. Tenemos que al menos reconocer nuestros sentimientos por lo que son. Y tenemos que hacer lo que sea apropiado a fin de procesarlos. Pero esto no significa que está bien hacer lo primero que sintamos, dejar que perdamos el control, o pecar. Cada uno de nosotros somos responsables de nuestras acciones, independientemente de cómo podamos sentirnos.

Tal vez no podamos enojarnos o, cuando lo hacemos, sobrerreaccionamos. Sea que implotemos o explotemos, tenemos que considerar que cualquiera de los dos extremos podría ser para nosotros fruto malo. ¿Nos sentimos incómodos con nuestros sentimientos? ¿Evitamos situaciones que requieren que compartamos cómo nos sentimos? ¿Atraemos vergüenza o culpa sobre nosotros, como si fuésemos una especie de imán? ¿O "sobresimpatizamos" y asumimos los sentimientos de otros, lo cual genera la sensación de estar exageradamente agobiados o aun deprimidos? ¿Se encuentra luchando con alguna especie de adicción o tentación recurrente? Recuerde que ser tentado no es un pecado, ni es necesariamente un fruto malo, pero la lucha intensa y repetida que la acompaña podría ser un indicador de que algo más profundo está sucediendo.

Un día salí con mi hija para comprar un regalo para mi esposa. Mientras estaba en una tienda, miré hacia el otro extremo y vi una mujer con una larga cabellera rubia. Me estaba dando la espalda, así que no podía ver su cara. Ahora, no tiene nada de malo notar a alguien y ver que es atractiva. Pero lo que sentí fue esta inclinación o "tirón" para ir a esa parte de la tienda, con el propósito aparentemente inocente de "ver lo que hay ahí". Era mera curiosidad, nada más. Pero ¿no es así como comienzan todas las tentaciones? Reconocí el "tirón" como inadecuado y la fundamentación lógica como tentación. Así que hice lo prudente: me fui.

Aun en el coche seguía sintiendo el "tirón", si bien había se había reducido bastante. Sabiendo lo que sé ahora acerca del fruto malo, decidí que sería una buena idea mirar más profundamente para intentar deducir por qué este sentimiento no me dejaba tranquilo. Lo que he aprendido es que, detrás de la mayoría de las tentaciones, hay un intento inadecuado de satisfacer una necesidad adecuada. Así que me dije: "¿Qué necesidad adecuada cree mi corazón que sería satisfecha si fuera a ceder a la tentación que tuve en la tienda?". Al pensar en necesidades legítimas dadas por Dios, como recibir afirmación, ser escuchado, sentirse entendido, ser consolado, tener un amigo, etc., la necesidad de consolación pareció destacarse. Le pregunté al Señor: "¿Cuándo necesité consolación y no la obtuve?". Y Él comenzó a mostrarme ocasiones cuando, de chico, necesité consolación pero no la obtuve. Entonces oré por estas experiencias a medida que venían a mi mente, y algo asombroso ocurrió: el "tirón" se fue.

Las anteriores son sólo algunas formas en que aparece el fruto malo con relación a nosotros mismos. Tal vez usted ha pensado en algunas otras por su cuenta. El primer paso en todo proceso de sanidad es reconocer por lo menos que existe un problema. Si usted comienza a ver fruto malo en su propia vida, ¡ya ha dado el primer paso!

Perspectivas a cultivar

- ¿Por qué piensa que Dios diseñó nuestro corazón como lo hizo?
- ¿Cuáles son algunas afirmaciones frecuentes que encuentra que salen de su boca (o que quieren salir) en ciertas circunstancias?
- ¿Qué sentimientos le cuesta reconocer? ¿Cuál piensa que es la razón?
- ¿Qué sentimientos, cuando son expresados por otros, lo hacen sentir incómodo? ¿Por qué piensa que ocurre esto?
- ¿Cuáles son algunas mentiras frecuentes acerca de los sentimientos?
- ¿Con qué formas de pensar lucha usted que podrían ser consideradas evidencia de fruto malo?
- ¿Qué tipo de cosas "funcionan" para usted (adicciones) en un intento por evitar la incomodidad y los sentimientos negativos?
- ¿Qué tipos de tentaciones en su vida parecen ser muy persistentes y difíciles de resistir?

71

- ¿Cuáles son algunas necesidades apropiadas que se ha encontrado tratando de satisfacer de formas inapropiadas?

- ¿De qué otras formas ve usted el fruto malo manifestándose en usted?

El fruto malo que se manifiesta con relación a los demás

En todo tiempo ama el amigo,
y es como un hermano en tiempo de angustia.
Proverbios 17:17

Fieles son las heridas del que ama;
pero importunos los besos del que aborrece.
Proverbios 27:6

A menudo Dios permite que nuestras interacciones con los demás revelen lo que está realmente en nosotros.

Al seguir leyendo, tal vez pueda sentirse identificado con varios de los ejemplos dados. Pero, como antes, tenga en mente que el fruto malo tiene la característica de ser productivo, estacional, persistente y aumenta. Por lo tanto, si bien podrá ver similitudes entre los siguientes ejemplos y las relaciones interpersonales de su vida, no se apresure a suponer que son necesariamente fruto malo.

Cuando aparece fruto malo en nuestras relaciones con los demás, suele estar en la forma que reaccionamos a cosas que dicen o hacen.

La mayoría de las veces las expectativas negativas quedan escritas en nuestro corazón por los juicios que hicimos sobre experiencias del pasado.

También podría manifestarse en cómo interactúan o no las personas con nosotros.

Tal vez parezca que de alguna forma atraemos a ciertos tipos de personas que sacan lo peor de nosotros, que se aprovechan de nosotros, o que nos menosprecian o rechazan. Nos encontramos diciendo: "¿Por qué los hombres (o mujeres) siempre me tratan así?", "¿Por qué la gente siempre se aprovecha de mí?" o "¿Por qué siempre son los perdedores los que se ven atraídos a mí?". Esto es cosechar fruto malo en las relaciones.

Algunos de nosotros hemos sido heridos y decepcionados tantas veces que nos hemos dado por vencidos cuando se trata de las relaciones. Hemos reducido nuestras expectativas y hemos creído mentiras como: "Es simplemente la forma en que son los

hombres (o mujeres)". Cuando la realidad es que se trata simplemente del *tipo* de hombres (o mujeres) que atraemos y/o a quienes somos atraídos. Por más que lo odiemos, parecemos condenados a nadar y pescar en un estanque lleno de candidatos que distan de ser óptimos.

Tal vez nuestro fruto malo aparezca en nuestra relación con nuestro cónyuge. Fuimos y estamos atraídos a nuestro cónyuge por muchas razones. Deseamos una relación estrecha, amar a alguien y ser amados. De muchas formas, parece satisfacer algunos de nuestros deseos. Pero en algunas áreas la otra persona podrá en realidad satisfacer nuestras expectativas negativas, las que provienen de problemas de raíz.

...juramos: "Cuando crezca, no seré como mi...

Nos despertamos un día y decimos: "Esta no es la persona con la que me casé". Algunos hasta se despiertan y dicen: "Oh, no, ¡me casé con mi madre!".

Las expectativas negativas suelen ser fruto malo. Debido a experiencias del pasado, podemos haber hecho una generalización en nuestro corazón del tipo: "Todos los hombres son..." o "Todas las mujeres son... ". Así que, para sorpresa nuestra (y para algunos no es una sorpresa), experimentamos algunas de estas mismas cosas en las relaciones actuales, especialmente si estamos casados. Esto ocurre a pesar de nuestros esfuerzos por no volvernos, o casarnos con, alguien como la persona que hemos juzgado.

Podemos ver fruto malo con relación a nuestros hijos. Tal vez somos demasiado duros con ellos, o demasiado indulgentes. Podremos mostrar favoritismos, o tener tanto temor de demostrarlo que vamos demasiado en la otra dirección. Tal vez no sentimos incómodos jugando o relacionándonos con nuestros hijos. ¿Hacemos cosas para nuestros hijos por amor o culpa? ¿Estamos sobrecompensando una necesidad que no fue satisfecha en nuestra propia vida? ¿Nos sentimos manipulados y fuera de control fácilmente? Nuestros hijos, ¿parecen sacar lo peor de nosotros? Lo "peor de nosotros" suele ser un síntoma de nuestro fruto malo. Cuando nos sentimos fácilmente manipulados por nuestros hijos, tenemos que preguntarnos si hemos juzgado a nuestros padres por la forma en que trataron a otros (o a nosotros), y por lo tanto estamos sobrecompensando por temor a repetir su comportamiento.

Para nuestro asombro, algunos de nosotros hemos descubierto que nos *hemos* vuelto exactamente como mamá o papá. O somos exactamente lo opuesto, y hemos encontrado que eso tampoco es demasiado efectivo. ¿Cómo ocurrió esto? Es posible que en el pasado hayamos jurado: "Cuando crezca, jamás seré como papá (o mamá)". Ahora bien, podría tener algún sentido no duplicar algunas cosas que han hechos nuestros padres. Pero si tomamos esa decisión desde el resentimiento terminamos cosechando fruto malo.

Cuando alguien dice, con relación a un hijo o una hija: "No nos llevamos bien porque nos parecemos demasiado", yo le pregunto: "Entonces, ¿qué es lo que no le gusta de usted?". Es que si nos gustara todo acerca de nosotros, entonces disfrutaríamos de esas mismas cosas en nuestro hijo o hija.

Tal vez nos enfrascamos en discusiones fácilmente con personas que tienen ciertos rasgos de personalidad. Tal vez somos rápidos en sentirnos despreciados, impotentes o inexistentes cerca de otros. Todo lo que se requiere es que alguien diga una cosa simple como: "Eso fue *estúpido*" o "No me importa" o "¡Mujeres!". Y, si lo dicen con cierto tono, ¡mucho peor!

Ciertas personas podrán hacer que nos sintamos controlados, culpables o avergonzados. Cuando esto ocurre, ¿encontramos que necesitamos una cantidad de tiempo inusual para recuperarnos de la herida? En algunos casos, tenemos que hacer un esfuerzo tremendo para no sobrerreaccionar ante el comportamiento de ciertas personas. Más tarde, ensayamos discusiones imaginarias vez tras vez con la persona que nos provocó. Y, por supuesto, ¡ganamos siempre! Pero cuando volvemos a estar en presencia de esa persona todos nuestros asombrosos argumentos parecen vaporizarse. Nuestra mente se vuelve una masa informe. No podemos pensar bien, y decimos cosas que lamentamos haber dicho. Luego todo lo que queremos hacer es salir corriendo y ocultarnos.

Tal vez el ánimo de otra persona nos hace reaccionar o parece oprimirnos sin que diga una sola palabra. A veces basta con una mirada, una sonrisa, una risa burlona o una carcajada para detonar sentimientos negativos dentro de nosotros. Podría ser un gesto, como una mano levantada, un puñetazo sobre la mesa, algo que alguien golpea o arroja, o una persona que se aleja. O podría ser alguien que llora o gimotea y que nos fastidia demasiado. Todas estas cosas pueden despertar malos sentimientos y hacer surgir mentiras viejas y conocidas, como cuán "malos" las personas piensan que somos, cómo algo "siempre es culpa nuestra", que somos responsables de "arreglar" las cosas, o que somos "invisibles".

Consentir, encubrir o tener una actitud cómplice (en inglés, "enabling") es cuando asumimos la responsabilidad por los sentimientos, la vida o el comportamiento de otra persona. Sentirse responsable de esta forma es fruto malo. ¿Se ha encontrado rescatando a personas sólo para verlas volver a caer? ¿Se "consume" repetidamente en las relaciones? ¿Excusa el comportamiento pecaminoso de una persona con pensamientos como: "No lo puede evitar", "Es simplemente así" o "¿Quién la ayudaría si no lo hago yo?". ¿Parece atraer siempre gente que se aprovecha de usted? De ser así, tal vez necesite preguntarse cuándo fue la primera vez que usted asumió una responsabilidad que no era suya.

Tal vez... nuestra identidad viene de lo que podemos hacer, y no de quienes somos.

En otros casos, podemos habernos sentido obligados a cuidar de uno de nuestros padres emocionalmente. Tal vez nos hemos sentido responsables por sus sentimientos. O nos hicieron sentir culpables por todo el "dolor" que les hemos causado. Por lo tanto, de adultos, nos encontramos motivados por la culpa y la obligación, y no por el amor. Tal vez fuimos validados sólo por nuestras capacidades, así que encontramos nuestra identidad en lo que hacemos, y no en quienes somos.

El fruto malo con relación a los demás también puede venir según lo que el otro representa para nosotros, como el caso de una figura de autoridad. Tal vez nuestro jefe parece siempre pasarnos por alto cuando se trata de un reconocimiento o un aumento de sueldo. Tal vez somos culpados de todo lo que anda mal en el trabajo. Parece que, no importa lo buenos que seamos en el trabajo, continuamos cosechando supervisores que son gruñones y exigentes y que, ahora que lo pensamos, ¡nos recuerdan mucho a papá!

Dios representa, y es, muchas cosas para nosotros, especialmente cuando se trata de nuestras necesidades. Así que es fácil ver por qué a menudo proyectamos nuestros problemas de autoridad no sanados sobre el Señor. Por ejemplo, cuando alguien cuestiona la supuesta falta de cuidado de Dios ("¿Cómo puede un Dios amoroso dejar que haya tanto sufrimiento?"), esto

Oración que toca las raíces
76

suele ser evidencia de resentimientos contra cuidadores anteriores. Tal vez hubo negligencia. Tal vez ocurrieron cosas terribles y nadie hizo nada para detenerlas. Cuando ocurre esto, yo pregunto: "¿Y cómo fue su crianza? ¿Fue amada? ¿Fue desatendida? ¿Se hacían las cosas de manera justa?". Esto a menudo revela la verdadera fuente de sus cuestionamientos a Dios.

¿Experimenta usted un conflicto entre lo que sabe que es verdad acerca de Dios y lo que siente su corazón? ¿Tiene un oído selectivo, en el sentido que escucha sus mandamientos pero no sus palabras de afirmación?

Dios es tan seguro, que aun cuando proyectemos nuestros problemas sobre Él, sigue amándonos igual. Él sabe bien el lugar de donde procede nuestra herida, y no se ofende cuando pensamos erróneamente que tiene que ver con Él. Dios es lo suficientemente grande y amoroso como para dejarnos expresar cómo nos sentimos acerca de Él, aun cuando no sea cierto lo que digamos. Lo vemos frecuentemente en los Salmos. Él está muy dispuesto a ser una caja de resonancia, a dejarnos sacar nuestras heridas y mentiras donde podamos verlas. Mi único consejo es que, una vez que lo haga, dé el paso siguiente. Pregúntele de dónde vinieron esos sentimientos y cuándo se sintió así por primera vez...

Perspectivas a cultivar

- ¿Con relación a la siembra y la cosecha, ¿cuáles son algunas de las razones por las que Dios pone a personas específicas en nuestra vida?

- ¿Qué clases de personas parecen poder hacerlo sentir constantemente herido, rechazado o inadecuadamente enojado?

- ¿Qué tipos de palabras, frases o miradas pueden hacerlo sobrerreaccionar, sentirse mal o retirarse? ¿Qué tipos de mensajes provocan estas cosas en usted?

- ¿Hay algo con lo que lucha usted con relación a Dios? De ser así, ¿qué es?

- ¿Lucha con sentirse responsable por los sentimientos de los demás? De ser así, ¿cómo?

- ¿De qué otras formas usted ve el fruto malo manifestándose en sus relaciones con los demás?

El fruto malo que se manifiesta en nuestras circunstancias

He aprendido a contentarme, cualquiera que sea mi situación.
Filipenses 4:11

Dios usa a menudo las circunstancias de nuestra vida para revelar lo que está en nosotros. Como antes, al leer los ejemplos brindados asegúrese de tener en mente las características del fruto malo, que es productivo, estacional, persistente y aumenta. Como usted podría sentirse identificado con varios de los ejemplos dados, esto lo ayudará a reconocer aquellos que más probablemente sean fruto malo y los que no lo son. Su paz, ¿depende de las circunstancias? ¿Las cosas tienen que estar "perfectas" para que pueda tener paz? ¿Vive constantemente preocupado por el futuro, y esto le dificulta disfrutar del presente por las preocupaciones incesantes acerca del dinero o la salud? ¿Está su mente atiborrada de preguntas del tipo: "Y si..."? ¿Está atormentado por reproches? ¿O vive en el pasado, a costa del presente, por su incapacidad para resolver esos reproches?

Cuando se trata de frutos malos en nuestras circunstancias y en nuestra vida, a menudo me refiero a este patrón como "fenomenológico". Esto es cuando hay ciertos sucesos o fenómenos que persisten en nuestra vida a pesar de nuestros esfuerzos por minimizarlos o impedirlos. Parecen ocurrir solos, y más frecuentemente a nosotros que a los demás. Sentimos que en estas áreas somos la excepción a las reglas básicas de la vida, que somos en cierto sentido diferentes a la mayoría de las demás personas.

En el área de las finanzas, el fruto malo podría ser que, no importa cuán consistentes seamos en diezmar y seguir un presupuesto, parece que nunca podemos salir adelante. Cuando trabajamos más duro, no parece hacer ninguna diferencia. Nunca parece que tengamos lo suficiente. Algo parece estar "robando" nuestro dinero constantemente; las cosas siempre se están rompiendo o tenemos emergencias imprevistas constantes. Si una o más de estas experiencias lo describen a usted, intente hacerse estas preguntas: "Mientras crecía, ¿sentía que el dinero era más importante para mis padres que yo?", "El dinero, ¿era el principal tema de las discusiones de mis padres?", "¿Alguien decía frecuentemente: 'No tenemos suficiente dinero para algo', cuando lo que realmente ocurría era que se gastaba en drogas o alcohol?".

El fruto malo puede aparecer en nuestro trabajo y en lo que hacemos. Podría parecer que obtenemos trabajos que nunca encajan demasiado con quienes somos.

El fruto malo puede aparecer en nuestro trabajo y en lo que hacemos.

Tal vez nuestros compañeros de trabajo logran pasar desapercibidos mientras que nosotros somos señalados por cada error que cometemos. O tal vez nos metemos repetidamente en trabajos donde somos despedidos o donde el trabajo es demasiado estresante.

Nuestras posesiones también pueden dar evidencia de fruto malo. Algunas personas siempre parecen comprar cosas que se rompen. Un hombre que conocía tenía muchas posesiones pero no lograba disfrutarlas. ¿Nos encontramos mirando la próxima compra para ser felices? ¿Tendemos a recibir regalos que sugieren que "nadie nos conoce realmente"?

El fruto malo puede ser evidente con nuestro tiempo, como cuando siempre llegamos tarde o nos molestan las personas que llegan tarde. Tal vez perdemos el rastro frecuentemente del tiempo y la vida es una constante imagen borrosa. Tal vez nos cueste descansar en el momento, o encontramos que siempre estamos mirando el mañana. Para algunos, es como si su tiempo simplemente se consume o nunca parece alcanzar. ¿Podemos proyectar esperanza hacia el futuro? ¿Estamos atados al pasado, incapaces de avanzar? ¿Estamos atascados en la pena? Cuando se trata de tomar una decisión o hacer que algo se realice, ¿esperamos siempre hasta el último momento? O peor, ¿somos incapaces de tomar una decisión hasta que nos vemos forzados a hacerlo? Tal vez nos olvidamos consistentemente de ciertos cumpleaños o ciertos eventos, y frecuentemente compramos regalos a último momento.

Oración que toca las raíces

De nuevo, sólo porque estemos experimentando tiempos difíciles no significa necesariamente que haya una causa de raíz en nuestro pasado. Es cuando la vida parece estar demasiado fuera de equilibrio y demasiado seguido que necesitamos prestar atención. Cuando parece que tenemos más de la parte que nos corresponde de problemas, y estos problemas no se resuelven con el tiempo, y nos encontramos diciendo cosas como: "La vida es injusta", "¿Por qué siempre me pasa esto a mí?" o "Nada de lo que haga parece hacer una diferencia...", podemos estar bastante seguros de que estamos tratando con algunos problemas de raíz. Si usted tiene esta clase de patrones en su vida, podrían ser precisamente frutos malos.

Es que la vida *es* injusta y dura a veces, pero la vida también es divertida y buena. ¡Y la vida hasta puede ser agradable! Lo cierto es que la vida es multifacética. Pero cuando la juzgamos por sus dificultades y hacemos afirmaciones negativas enfáticas acerca de ella, esto parece invitar aún más de lo mismo. Como resultado, esto cierra nuestra capacidad de disfrutar de los demás aspectos de la vida. Cuando reconocemos esto, tenemos que preguntarnos: "¿Dónde en mi pasado decidí estas cosas acerca de la vida?".

El fruto malo puede ser evidente con nuestro tiempo ...

Las declaraciones del tipo "La vida es..." son una respuesta frecuente a los tiempos difíciles, y pueden representar exactamente cómo nos sentimos. Pero cuando este tipo de afirmación está acompañada por pecado (amargura, resentimiento y falta de perdón) y no se ora para extirpar el problema, comienza a hacer que la vida se vuelva detestable.

Sea que nuestro fruto malo se manifieste en nosotros, en los demás o en las circunstancias, lo más importante es reconocerlo como tal. Una vez que hagamos esto, estamos listos para ir en busca de la causa de raíz.

Perspectivas a cultivar

- ¿Con relación a la siembra y la cosecha, ¿cuáles son algunas de las razones por las que Dios permite ciertas circunstancias en nuestras vidas?
- ¿Qué tipos de circunstancias en su vida encuentra que usted está repitiendo?

- ¿En qué tipos de circunstancias se encuentra usted perdiendo el control o tentado a perderlo?
- ¿Hay ciertos patrones negativos que ocurren en su vida con relación a las finanzas? De ser así, ¿cuáles son?
- ¿Hay ciertos patrones negativos que ocurren en su vida con relación al tiempo? De ser así, ¿qué ocurre y cuándo ocurren estas cosas?
- ¿Qué clase de afirmaciones negativas acerca de las circunstancias o la vida se ha encontrado diciendo o pensando cuando las cosas no andan bien?
- Complete la siguiente oración en el contexto de cómo ve usted su vida:
  "Cada vez que ocurre _____,
  entonces ocurre _____."
  ¿Dónde piensa que obtuvo esta idea?
- ¿De qué otras formas ve usted que se manifiesta el fruto malo en sus circunstancias?

Identificar los problemas de raíz

Examíname, oh Dios, y conoce mi corazón;
Pruébame y conoce mis pensamientos;
y ve si hay en mí camino de perversidad,
y guíame en el camino eterno.
Salmos 139:23, 24

Dios sabe todo acerca de nosotros. Cada vez que intentamos identificar problemas de raíz, siempre debemos asegurarnos de invitarlo a Él al proceso. Quién conoce mejor nuestro pasado, y quién sabe mejor qué sucesos del pasado están vinculados con frutos malos con los que estamos luchando en el presente. Dado que Él conoce cada una de nuestras vidas desde el principio, recomiendo fuertemente buscar su guía durante el proceso de indagación. Pídale que lo ayude a recordar aquellos momentos del pasado que siguen el mismo tema que su fruto malo. Recuerde que, una vez que haya identificado el tema detrás de su fruto malo, sabrá dónde empezar a mirar, ya que sus problemas de raíz seguirán el mismo tema.

A menudo podemos descubrir varios problemas de raíz simplemente examinando lo que ya sabemos acerca de nuestro pasado. Con el problema de su fruto malo en mente, pregúntese: "¿En qué otro momento me sentí así?" o "¿En qué otro momento ocurrió algo así?". Por ejemplo, si sentimos que los demás nos quieren sólo por lo que hacemos, debemos preguntarnos algo como: "¿En qué otro momento no me sentí aceptado y amado sólo por quien soy?".

Es muy útil pedirle a un amigo que nos ayude a descubrir los problemas de raíz. A menudo hacer que alguien escuche mientras compartimos nuestros pensamientos nos ayuda a recordar cosas que no hemos considerado por mucho tiempo. Hágale saber a la persona escogida que a usted le gustaría que le haga preguntas y que le dé su opinión de los pensamientos suyos.

Sería bueno que también le brinde cierta comprensión y afirmación, y pueda orar con usted cuando surjan viejas heridas. Cuando sienta que ha recordado todo lo posible, dé un paso más y pida a Dios que le muestre lo que podría haberse olvidado. Esto es útil cuando no viene nada a la mente que parezca coincidir con su fruto malo. Recuerde que Él sabe todas las cosas. Ha estado allí todo el tiempo. Él recuerda los tiempos difíciles con mucha mayor claridad de lo que usted podría hacerlo jamás. De hecho, si se toma el tiempo para mirar atrás y escuchar lo que tiene que decir el Señor, tal vez se sorprenda mucho por lo que Él le revele.

Por ejemplo, supongamos que usted ha determinado que el tema de su fruto malo es una sensación del tipo: "No soy lo suficientemente bueno". Con esto en mente, usted debería preguntarle a Dios: "¿En qué otro momento me sentí como si no fuera lo suficientemente bueno?". Luego simplemente espere a ver lo que el Señor trae a su mente.

... una vez que el resentimiento se instala, es muy frecuente ver que se profundice cada vez más ...

A medida que surjan los recuerdos, póngalos por escrito. A veces una experiencia negativa podría ser todo lo que hay detrás del fruto malo con el que está tratando. Pero en general hay más. Cuando hay más de un recuerdo, tiene que darse cuenta de que cada recuerdo sobre el mismo tema ha servido, a su manera, para reforzar las mentiras plantadas en su corazón.

Lo que suele ocurrir es que, ante el primer suceso hiriente, podríamos no pasar a tener de inmediato sentimientos de resentimiento. Tal vez creamos lo mejor acerca de alguien, o lo perdonamos rápidamente, o "en realidad no parece importar demasiado". Pero, al continuar y multiplicarse las heridas, a menudo nos cansamos de desestimarlas. Y, luego de múltiples insultos, finalmente llegamos al punto de sentir resentimiento hacia la persona que nos lastima. Una vez instalado el resentimiento, es muy frecuente ver cómo se profundiza cada vez más en cada ofensa sucesiva, fortaleciendo el fruto malo en nuestro presente. En consecuencia, es importante hacer una lista que detalle cada recuerdo relacionado con el mismo tema para poder orar por cada uno. Lleva tiempo, ¡pero vale la pena!

De ser posible, usted podría preguntar a familiares lo que recuerdan acerca de su niñez, y cómo era la dinámica familiar desde el punto de vista de ellos. A veces pueden completar huecos o estimular su memoria. Tenga en mente que la perspectiva de cada persona es diferente, pero pueden compartir alguna información útil. Lo que importa es la perspectiva de *usted*. Tal vez en el momento de un recuerdo específico usted veía las cosas de forma diferente a los demás. Eso está bien, porque fue desde *su* perspectiva que usted hizo juicios, y fue desde esos juicios que vinieron los frutos malos.

Primero recuerde los detalles importantes. En otras palabras, ¿qué ocurrió? ¿Cuál fue la historia? Luego recuerde cómo lo hizo sentir. ¿Qué sintió en ese momento? O, si no lo puede recordar, ¿cómo *piensa* que se sentía? Luego, ¿cuál fue su respuesta pecaminosa ante quienes lo hirieron? Y, finalmente, identifique cualquier mentira que usted puede haber creído como resultado de lo que ocurrió. Luego de un tiempo, usted encontrará que se volverá parte de su naturaleza procesar recuerdos de esta forma, y lo podrá hacer más rápidamente.

...es desde su perspectiva que usted hizo juicios ...

Ahora bien, ¿qué hace si no encuentra realmente ningún recuerdo que encaje? Podría haber varias razones para esto, así que no se desanime. En algunos casos, tal vez necesite dedicar más tiempo a aclarar los rasgos distintivos del fruto malo. Esto podrá ayudarlo a ser más preciso al buscar los problemas de raíz. Si usted no tiene bien identificado el fruto malo, le costará descubrir las raíces.

A menudo la intensidad de la búsqueda se vuelve agotadora, y lo mejor que puede hacer es simplemente abandonarla por un tiempo y continuar su día como siempre; siempre puede volver a la búsqueda después. He tenido problemas de raíz identificados a minutos de reconocer el fruto malo. Y luego he tenido algunos que me exigieron semanas. Ha habido algunos problemas de raíz que necesitaron meses para descubrir. No tiene que preocuparse si éste es su caso. Los tiempos podrían no ser los correctos. Usted podría no estar listo para enfrentar lo que teme encontrar. Lo cierto es que Dios siempre es de confiar. Él sabe cuándo usted está listo. No está apurado. Lo que hay que hacer es mantenerse dúctil en las manos de Él. Mantener sus oídos y su corazón abiertos. Saber que Él lo ama a lo largo de todo el camino, y que está bien ser una "obra en construcción".

Una cosa a considerar es que tal vez no esté tratando con fruto malo en realidad. Su lucha podría venir de otra fuente; usted podría estar simplemente luchando con circunstancias desafortunadas o las consecuencias de decisiones imprudentes. ¿Y si los detalles de su pasado son incompletos aunque encajen con el fruto malo? ¿O si todo lo que conoce es una historia que le contaron pero que no recuerda realmente usted mismo? De nuevo, este es el momento de pedirle al Señor ayuda con los detalles. Hágale muchas preguntas, y luego escuche las respuestas. Y si aun no recibe más orientación pero lo que tiene encaja en el patrón, siga adelante.

A menudo Dios quiere... que sepamos que somos amados aun cuando no seamos perfectos...

Confíe en que usted sabe todo lo que necesita saber, y que Dios completará lo que falta.

De nuevo, tenga en mente que no todo problema difícil de la vida se debe a heridas del pasado sin resolver. Tal vez lo que necesitamos es atención médica. Tal vez nos falte autocontrol o disciplina. Tal vez estemos agotados o nos falte sueño. Nuestra dieta podría no ser saludable, o tal vez necesitemos ejercicio. Hay ayuda muy real y práctica para todas estas cosas.

De lo que me he llegado a dar cuenta es que yo no me entiendo plenamente. No conozco el funcionamiento interior de mi corazón. Lo que sí sé es que Aquel que me creó sabe cómo funciona mi corazón y la mejor forma de tratarlo. Como resultado, he hecho una oración abierta al Señor. Es una invitación constante para que Él escudriñe mi corazón y me revele lo que necesita ser tratado. Por lo tanto, cuando veo que se manifiesta fruto malo en mi vida, y Él me lo señala, sé que no debo sorprenderme. Porque cuando le damos permiso para cambiarnos, a menudo Él hace precisamente eso.

El Salmo 139:23, 24 contiene justamente una oración de este tipo: "Examíname [a fondo], oh Dios, y conoce mi corazón; pruébame y conoce mis pensamientos; y ve si hay en mí camino de perversidad, y guíame en el camino eterno".

Esta oración es una invitación que pide al Señor que haga un inventario de nuestro corazón. Y quién mejor que Él para "probarnos y conocernos", para revelar el fruto bueno y el malo. Quién mejor para mostrarnos el "camino de perversidad", como los problemas de raíz. Quién mejor para guiarnos para tratar con ellos para poder andar en el camino eterno.

Perspectivas a cultivar

- ¿De qué forma saber que Dios conoce todo tiene que ver con identificar los problemas de raíz?

- ¿A qué persona puede pedirle usted que lo escuche mientras comparte su fruto malo y luego que lo ayude a identificar algunos de los problemas de raíz en su vida? Piense en pedírselo a esa persona.

- Según corresponda, escriba algunas preguntas acerca de su niñez para hacer a un familiar o a una persona que lo conoció que podrían ser útiles para identificar posibles problemas de raíz. Por ejemplo: "¿Cómo era yo cuando estaba creciendo?", "¿Recuerda algún tiempo de angustia?" o "¿Qué recuerda acerca de mí?".

- ¿Cuáles piensa que son algunas razones por las que es a veces difícil identificar problemas de raíz? Ore ahora mismo, pidiendo a Dios que lo ayude con aquellas razones que se aplican a usted.

- Al identificar sus problemas de raíz, hágase las siguientes preguntas acerca del fruto malo:
    - ¿En qué otra ocasión me sentí así? ¿En que otras ocasiones ocurrió algo similar?
    - ¿Cómo me hizo sentir cuando ocurrió?
    - ¿Cuál fue mi respuesta pecaminosa a las personas involucradas?
    - ¿Qué mentiras dije y/o qué decisiones negativas tomé?

Dé a Dios permiso en oración para revelarle cuáles son algunos de sus problemas de raíz y pídale que lo ayude a enfrentar los que podrían ser muy difíciles, confiando en que Él lo guiará al hacerlo.

Excavar en busca de raíces

El siguiente es un ejercicio que podrá resultarle muy útil. Lo ayudará a identificar y aclarar problemas de raíz. Asegúrese de tomarse su tiempo al hacerlo.

Tome una hoja y trace cuatro columnas. Luego escriba lo siguiente:

Excavar en busca de raíces		Fruto malo: _____	
Instancias	Sentimientos	Mi respuesta	Mentiras creídas

Para ilustrar cómo completar esta tabla, usemos el ejemplo de Carlos, al principio del libro. Uno de sus frutos malos era "sentir que no era lo suficientemente bueno"; esto es lo que estaría escrito en la parte superior, como tema del fruto malo. La primera columna diría: "la vez que mi papá llegó muy tarde a mi fiesta de cumpleaños y podría haber estado ahí pero estaba afuera trabajando. La segunda columna diría: "no importante", "rechazado", "como si no le importara", "como si preferiría estar en otra parte en vez de conmigo". En la columna "Mi respuesta" diría: "Sentí resentimiento hacia él". Y en la columna de "Mentiras creídas" aparecería: "No soy lo suficientemente bueno". Luego volvería a hacer lo mismo para cada problema de raíz similar. Esto es sólo un ejemplo, así que tal vez quiera ampliar más que esto para cada instancia.

Otra cosa que lo alentaría a hacer es escribir junto a cada mentira lo que usted sabe que es verdad. Por ejemplo, si una mentira era: "No soy lo suficientemente bueno", la verdad que podría escribir sería: "Puedo ser amado no importa lo que pueda o no pueda hacer", o tal vez "Hago muchas cosas bien". Si no está completamente seguro de cuál es la verdad, pregunte a un amigo. Y, lo más importante, pregunte al Señor; Él le dirá cómo ve las cosas desde su punto de vista.

Orar para extraer
los problemas de raíz

Si confesamos nuestros pecados, él es fiel y justo
para perdonar nuestros pecados,
y limpiarnos de toda maldad.
1 Juan 1:9

Dios brindó una solución para nuestros problemas de raíz y quiere que la conozcamos, para que podamos ser libres de dar fruto malo. Así que, ¿cómo podemos poner fin a la cosecha negativa en nuestra vida? Ahora que hemos reconocido el fruto malo y hemos identificado varios problemas de raíz, ¿qué hacer a continuación? Si bien es útil conocer el origen de nuestras luchas, este conocimiento por sí solo no alcanza para hacer que su influencia se vaya.

Como dijimos antes, fue nuestra respuesta pecaminosa a una situación hiriente que se convirtió en una semilla plantada en nuestra vida, que creó un problema de raíz no resuelto, y esto produjo el fruto malo. Por lo tanto, la solución debe ser una forma de remover eficazmente lo que comenzó todo. No fue lo que nos ocurrió a nosotros o nuestras circunstancias que lo comenzaron. No fueron nuestros sentimientos, aun cuando podamos haber sido heridos tremendamente. Y no fueron siquiera quienes nos hirieron, si bien sus acciones (o la falta de ellas) puedan habernos afectado profundamente. Fue nuestra *respuesta pecaminosa* a lo que ocurrió lo que comenzó todo. Así que esto es lo que necesita ser tratado.

En las primeras palabras de 1 Juan 1:9 nos dice cuál es nuestra parte: confesar nuestros pecados. Cuando se trata de sembrar y cosechar el fruto malo, nuestros pecados fueron nuestras respuestas pecaminosas a situaciones del pasado. Esa respuesta pecaminosa fue nuestra falta de perdón hacia quienes creímos que nos habían lastimado. Y nuestra falta de perdón se expresó en forma de cosas como amargura, resentimiento, juicios, odio, venganza, etc. Por lo tanto, nuestra parte es

88

confesar esa respuesta pecaminosa que comenzó el proceso de siembra y cosecha.

El resto de 1 Juan 1:9 es la parte del Señor: es su respuesta prometida a nosotros cuando confesamos nuestros pecados. Ante todo, Él promete perdonarnos nuestros pecados y, en segundo lugar, limpiarnos de toda injusticia. Si bien fue la siembra de nuestras respuestas pecaminosas lo que comenzó la cosecha, es su perdón el que tiene el poder de desarraigarla. Es Dios mismo quien pone fin a la cosecha con relación al pecado que confesamos. Por lo tanto, es necesario que tomemos acción y hagamos nuestra parte, invitándolo a hacer la parte de Él.

Nuestra confesión a menudo involucra dos cosas: confesar nuestra respuesta pecaminosa y luego perdonar a quienes pueden haber pecado contra nosotros. Se nos *ordena* que perdonemos a los demás (Colosenses 3:13). Escoger no perdonar es pecado.

... Él quita de nuestro corazón nuestras respuestas pecaminosas persistentes ...

Y recuerde que, cada vez que confesamos nuestros pecados, el Señor hace también otra cosa muy significativa: nos limpia de toda injusticia. Al hacerlo, quita de nuestro corazón las respuestas pecaminosas persistentes, como amargura, resentimiento, juicios, odio, venganza, etc. Por más que lo intentemos, no podemos remover la injusticia en nosotros con nuestras propias fuerzas, pero Él *sí* puede, está dispuesto y *tiene muchos deseos* de hacerlo.

Hay otra cosa que descubrí que Dios hace cuando oramos por nuestras heridas dolorosas del pasado. Nos quita el terrible aguijón asociado con esos recuerdos. Esos sentimientos punzantes pueden habernos asechado durante muchos años: sentimientos de vergüenza, odio a nosotros mismos, suciedad, fealdad. Pero cuando el Señor se propone limpiarnos de *toda* injusticia, Él lava esos sentimientos contaminantes, mentirosos y corrosivos también.

Cuando fui molestado sexualmente de niño por una niñera, me afectó de muchas formas. Al comenzar a recordar lo que me había ocurrido, comenzaron a salir a la superficie sentimientos viejos, horribles y desagradables. Eran estos sentimientos los que me asechaban, afectando lo que pensaba de mí mismo, el sexo, los hombres y las mujeres. Pero, luego de orar por estos recuerdos, los sentimientos perturbadores desaparecieron junto con las mentiras que había llegado a creer. Ya no me afligen ni me perturban, aun cuando comparto la historia de lo que me sucedió con otros. De hecho, esa historia se ha vuelto ahora mi testimonio de lo que Dios puede hacer para producir sanidad.

Así que, en resumen, lo que nos libera es recibir el perdón y la limpieza de Dios cuando confesamos nuestra respuesta pecaminosa a los problemas de raíz. Con esta comprensión, ahora tenemos algo que *podemos* hacer con los problemas de raíz que hemos llegado a identificar. Y lo hacemos a través de la oración a quien fue testigo de todo y tiene el poder de redimirlo. Esto es lo que llamo el modelo "Orar para extraer los problemas de raíz". Tenga en mente que esta no es una fórmula, sino meramente algunas pautas clave a seguir al orar por los problemas de raíz. He encontrado que son útiles, especialmente porque incorporan tanto la mente como el corazón al proceso. Y, además, cuando oramos en voz alta esto involucra también a nuestro cuerpo.

Los elementos de "Orar para extraer los problemas de raíz" son los siguientes:
- Diga al Señor lo que ocurrió (Salmos 142:2).
- Comparta con el Señor cómo se sintió (Salmos 62:8; Hebreos 4:15, 16)
- Confiese al Señor sus respuestas pecaminosas (Salmos 38:18; 1 Juan 1:9).
- Perdone a quienes lo agraviaron (Mateo 6:12-15; Efesios 4:32).
- Renuncie a toda decisión pecaminosa y negativa que pueda haber tomado (2 Corintios 10:5).
- Reciba oración por el perdón y la sanidad (Santiago 5:16).

Decir al Señor lo que ocurrió nos permite compartir lo que sabemos con nuestra mente, el recuerdo de los sucesos dolorosos. Esta es *nuestra* versión de la historia. Esta parte confirma nuestra experiencia al identificar los problemas de raíz asociados con el fruto malo, y al aclarar lo que nos tentó a dar nuestra respuesta pecaminosa.

Compartir con el Señor cómo se sintió permite a su corazón sentirse escuchado, por las personas con quienes está orando y por Aquel a quien usted ora, su Padre Celestial. La mayoría de los problemas de raíz contienen una parte relacionada con el hecho que su corazón no se sintió escuchado al momento de su herida. Por lo tanto, esta parte es especialmente importante.

90

Confesar al Señor sus respuestas pecaminosas hacia otros y/o su situación involucra su voluntad. Esto le permite reconocer su parte en lo que ocurrió, y que usted es responsable por sus respuestas pecaminosas, independientemente de lo que ocurrió.

Perdonar a quienes lo han agraviado involucra su voluntad también, y le permite liberar a quienes lo han lastimado. Pero, más importante, restaura su sentido de elección. Usted no es una víctima, ni tiene que seguir siéndolo.

Renunciar a toda decisión pecaminosa y negativa le da la oportunidad de entregar las mentiras que puede haber llegado a creer e intercambiarlas por lo que Dios dice que es verdad.

Recibir oración por el perdón y la sanidad involucra su disposición para humillarse para recibir la bendición de Dios a través de otra persona.

Estos son algunos pensamientos adicionales sobre los elementos básicos de "Orar para extraer los problemas de raíz". Podría decir más, pero lo que sigue sirve para comenzar.

<u>Diga al Señor lo que ocurrió.</u>
Al decir al Señor lo que ocurrió, debemos compartir nuestra perspectiva. Tal vez hayamos supuesto algo o no conocíamos todos los hechos en su momento. Los instantes emocionalmente fuertes tienen una forma de magnificar nuestras circunstancias, acentuando ciertos detalles y tentándonos a saltar a conclusiones. Cuando hacemos juicios, a menudo lo hacemos basándonos en lo que *creíamos* que era cierto, lo cual podría no ser una evaluación completamente precisa de la situación. Pero aun cuando nuestra evaluación no fuera exacta, igual tendemos a dar fruto malo por nuestra respuesta pecaminosa.

Por ejemplo, de niño llegué a tener resentimientos hacia mi madre el día que me dejó en el jardín de infantes. Era hora de que empezara a ir a la escuela, y ella tenía que ir a trabajar. Pero yo percibí erróneamente el hecho de que me dejara como rechazo. Sí, es válido que yo no quisiera ir a la escuela es día. Y, también, tal vez estaba predispuesto hacia el rechazo por el divorcio de mis padres. Pero el resultado fue que escogí una

91

Oración que toca las raíces

respuesta pecaminosa que plantó una semilla que luego dio el fruto malo repetido del rechazo en mi vida.

Pero, aun cuando no fuera lo que realmente sucedió, daremos fruto malo por nuestra respuesta pecaminosa.

A veces todo lo que sabemos acerca de un problema de raíz son unos pocos detalles difusos o una historia que alguien nos contó. Tal vez en oración el Señor reveló algo más, pero todavía no sentimos que tengamos demasiada evidencia en la cual apoyarnos. Si ocurre esto, intente orar por para extraer el problema de raíz igual.

Recuerde que, si usted tiene suficientes detalles de que el problema de raíz parece plausible, entonces siga adelante y deje que el Señor lo solucione. Lo que hago yo en estas situaciones es ofrecer lo que llamo una "oración si". Una "oración si" es algo así: "Señor, si _____ realmente sucedió, entonces me hubiera sentido _____ y hubiera tenido resentimientos hacia _____ por lo que hicieron". Cuando hacemos esto, estamos orando por fe para extraer un problema de raíz con los hechos que tenemos, aun cuando podríamos no estar completamente seguros. Si oramos por algo de esta forma y causa cambios en nuestra vida, ¡excelente! Y si nada cambia, no hemos perdido nada. Pero si no oramos por esto, nunca lo sabremos.

Un matrimonio vino a verme para tratar algunos problemas maritales que estaban teniendo. Quedó en evidencia que su tema de fruto malo tenía que ver con cosechar estrés en muchas áreas de su vida. Al explorar más, era evidente que el estrés era especialmente predominante en el trabajo del esposo. El estrés era considerablemente mayor que lo normal, y nunca parecía desaparecer. El esposo se había resignado a vivir y trabajar con el estrés, aun cuando enloqueciera a su esposa. Él llegó a compartir que tan atrás como podía recordar tenía una úlcera que nunca desaparecía. Simplemente aparecía cada tanto, cuando el estrés se volvía demasiado intenso. ¡Lo interesante era que le dijeron que había *nacido* con la úlcera!

Cuando le preguntaron qué sabía de lo que ocurría mientras estaba en el útero, compartió una historia que le había contado su madre. Si bien su madre lo había querido tener a él, el embarazo le había causado mucho estrés a ella. Estaba excedida de peso, y hacía mucho calor donde vivían. Le encantaba el hecho de que tendría un bebé, pero se sentía infeliz por su

92

incomodidad. Todo lo que podía pensar era terminar con el embarazo para poder sentirse aliviada.

Dado que la historia encajaba con el fruto malo, los llevé a orar por él con una "oración si". Fue algo así: "Señor, mientras estuve en el útero pude haber sentido el estrés de mi madre. Si fue así, sé que no me tiene que haber gustado, especialmente si fue algo continuo y no había alivio. También puedo haber sentido la presión de nacer. Como resultado, puedo haber sentido resentimiento hacia mi madre por esto. Si lo hice, confieso mi resentimiento como pecado y escojo perdonar a mi madre". Dado que aparentemente no había tomado ninguna decisión negativa, no había nada que renunciar.

Luego de que él oró, le pedí al Señor que curara su úlcera. Como resultado, vimos algunos cambios muy palpables. Por un lado, ¡su úlcera desapareció en ese mismo instante! Cuando lo vi seis meses después, *seguía* sin aparecer, ¡y lo había tenido durante 45 años! Pero, además de esto, el estrés en su negocio disminuyó. Hasta comentó que sus capataces ya no parecían estar nerviosos cuando estaban con él (es decir, ellos también estaban menos estresados).

Otro detalle que usted debería conocer es que hasta que él vino para recibir ayuda su negocio se metía constantemente en más deudas año tras año, a pesar de sus esfuerzos. ¡Pero dentro de los seis meses de hacer la "oración si" su deuda comercial se redujo en más de 80%! ¡Vaya que bajó el estrés!

Comparta con el Señor cómo se sintió

El Señor quiere que derramemos nuestro corazón, que compartamos con Él lo que experimentamos. Los Salmos están llenos de ejemplos de este tipo. A menudo, el escritor comparte exactamente cómo se siente, aun cuando parece que contradice lo que él sabe que es cierto. Pero, ¿acaso no es éste el momento en que más a menudo necesitamos compartir y ser escuchados, cuando las cosas parecen no tener sentido? ¿No es aquí cuando más necesitamos la misericordia y la gracia de Dios? Si se fija en los Salmos, era *después* de compartir su dolor que el escritor podía reconocer la verdad y alabar al Señor, a pesar de sus sentimientos.

A menudo avanzamos demasiado rápido hacia "hacer lo correcto", como confesar, perdonar y renunciar. No me entienda mal. Estas *son* cosas que está bien hacer, pero a menudo las hacemos a costa de nuestro propio corazón al no permitirnos expresar nuestros sentimientos. Cada vez que hacemos esto, en realidad invalidamos nuestros sentimientos, tratándonos con una sensibilidad no superior a quienes nos hirieron en primer lugar.

La mayoría de los temas sin resolver involucran necesidades legítimas no satisfechas (o violadas) y sentimientos invalidados (o nunca expresados). Dios realmente quiere que compartamos nuestras experiencias, de forma que nuestro corazón se sienta honrado y validado. Y quiere que sepamos que *valemos* el tiempo y el esfuerzo que se necesita para procesar estos temas y ser escuchados.

A menudo avanzamos demasiado rápido hacia "hacer lo correcto"...

Les voy a compartir un pequeño secreto. Derramar su corazón ante el Señor *es* parte de hacer "lo correcto". Dígale lo que experimentó y cómo se sintió cuando fue herido o decepcionado. Comparta con Él las mentiras que llegó a creer, y por qué. No se preocupe. La verdad del amor de Dios, su perdón, su gracia y su misericordia no desaparecerán simplemente porque usted está expresando cómo se siente. Jesús es la Verdad, es la verdad personificada. Y Él no cambia.

Además, no podemos ocultar nada del Señor. Así que nos conviene reconocer cómo nos sentimos realmente. Él siente lo que usted siente, y no se siente amenazado por esto. Él sabe cuánto necesita ser escuchado. Está esperando que sea sincero con usted mismo y con Él. Esto es integridad: ser reales y genuinos con lo que sentimos ante Dios, sin desplazarnos hacia el punto del resentimiento y el pecado.

En realidad, podemos haber deshonrado nuestros sentimientos del pasado al no reconocerlos adecuadamente. Tal vez no había forma segura de hacerlo en aquellas circunstancias.

Detrás de la mayoría de los enojos está el temor.

Tal vez éramos castigados cuando nos expresábamos, y éramos reprendidos verbalmente o físicamente, avergonzados o aun ignorados. A través de todo esto podemos inclusive habernos "entrenado" para no sentir. Por lo tanto, ya no sabemos lo que realmente sentimos.

Si estamos tristes, esto necesita expresarse como tristeza. Si necesitamos llorar, entonces tiene que salir como lágrimas. Una incapacidad o falta de disposición para llorar podrá impedir que nuestras emociones se expresen y ser, nuevamente, una indicación de fruto malo.

Detrás de la mayoría de los enojos está el temor –temor de no ser oídos, amados o reconocidos–, de que alguna necesidad realista y sentida no sea satisfecha. Si no era seguro tener miedo y compartir nuestros temores de niño, podemos haber decidido negar nuestros temores. Por lo tanto, ahora nos enojamos como protección a fin de evitar que otros sepan que estamos en realidad temerosos.

Estar deprimido no es malo en sí mismo, ni es necesariamente un fruto malo. Sin embargo, si alguien tiene un patrón de depresión en su vida o parece estar "trabado" en la depresión, podría ser un fruto malo. La depresión suele ser una señal de "cansancio emocional". *La depresión suele ser una señal de "cansancio emocional".* Cuando estamos deprimidos, muchas reservas y energía emocional están siendo usadas y extraídas a fin de mantener ocultas las emociones no expresadas.

Cuando se trata de nuestros sentimientos, la mayoría de nosotros tenemos un vocabulario muy limitado. Tal vez hayamos crecido en hogares donde no se compartían los sentimientos, eran ignorados o sólo se "permitían" algunos sentimientos. Como resultado, carecemos de experiencia en expresarnos.

Cuando era niño, mi vocabulario emocional estaba limitado a tres palabras: me sentía "bien", "mal" o "triste". Como en ese tiempo no podía reconocer o admitir otros sentimientos, mi mente aprendió a compensar a mi corazón. Por ejemplo, el gozo se convirtió para mí más en una actitud, una forma de percibir la vida y no necesariamente un sentimiento. Como adulto que mira atrás, me doy cuenta ahora que a menudo estaba deprimido de chico, si bien no lo reconocía al momento. Esta revelación vino al comenzar a restaurar el Señor mi corazón. Recuerde que una mente que trabaja horas extras es frecuentemente aquella cuyo dueño está tratando fuertemente evitar o dejar de sentir. Está intentando hacer lo que sólo puede hacer el corazón: identificar y expresar sentimientos.

He encontrado que, mientras uno ora por algo, si dice en voz alta lo que siente en ese momento su corazón se sentirá afirmado y escuchado. Si usted no recuerda cómo se sintió, diga nomás en voz alta lo que piensa que *puede* haber sentido. Pregúntese: "¿Cómo se habría sentido una persona si le hubiera ocurrido lo que me sucedió a mí". A menudo es buena idea pasar tiempo con otra persona que pueda ayudarlo a aclarar estas cosas. Cuanto más haga esto, más se restaurará su corazón. Es como invitar a su corazón a volver a compartir, seduciéndolo de a poco. Tendrá mayor claridad al ir restaurándose su corazón y al ampliar su vocabulario de "sentimientos". Mientras ora por sus raíces amargas, recuerde que su corazón necesita ser estimulado para hacer su tarea, habrá que decirle cómo se siente usted. Al honrar a su corazón diciendo en voz alta un sentimiento, su corazón comienza a restaurarse, y los sentimientos comienzan a aparecer.

Si bien es útil, no es necesario mostrarse emotivo cuando ora por los recuerdos. Si los sentimientos se encuentran ahí, entonces expréselos. Pero no deje de orar si los sentimientos no aparecen. El solo proceso de compartir cómo *puede haberse sentido* pone en marcha algo, que es especialmente útil para personas que no parecen poder sentir nada. Ha habido varias ocasiones donde he visto la desaparición de fruto malo luego de orar para extraer un problema de raíz, a pesar de la falta de demostración de emoción. ¡Uno de estos ejemplos es el hombre de la úlcera que mencioné antes!

Confiese al Señor sus respuestas pecaminosas

Confesar es reconocer nuestras elecciones. Es admitir nuestras respuestas pecaminosas independientemente de lo que nos pueda haber ocurrido o lo que los demás puedan haber hecho. En algunos casos podemos haber sentido que no teníamos ninguna otra opción. Pero eso es lo que tienen de maravilloso la gracia y la misericordia de Dios. Existen para que nosotros las recibamos sin condena, independientemente de por qué o cómo respondimos. A Dios le encanta que confesemos, porque significa que puede perdonarnos y que nuestra relación con Él será restaurada.

Confesar es... reconocer nuestras respuestas pecaminosas, independientemente de lo que nos pueda haber ocurrido ...

A veces, mientras oramos para extraer problemas de raíz, podríamos necesitar confesar otros pecados que hemos cometido a partir de la motivación de ese problema de raíz. Me refiero aquí a cosas como adicciones, mentiras, adulterio, arrebatos de ira. A pesar del hecho de que sabemos de dónde vinieron, son pecados por sí mismos y necesitan ser confesados como tales. Aun cuando pensábamos que teníamos una buena razón para volcarnos a esos comportamientos, no fuimos forzados a hacerlos. Fuimos tentados y escogimos en contra del autocontrol. Pecamos. Y tenemos que asumir la responsabilidad de esto.

Perdone a quienes lo agraviaron

El perdón es una elección, no un sentimiento. Si fuera un sentimiento, muchos de nosotros probablemente nunca llegaríamos a practicarlo. Es, en realidad, un reconocimiento de que, si bien lo que hizo la otra persona puede haber estado mal, escogemos dejar de hacerla responsable ante nosotros por lo que hizo. Es nuestra forma de soltarla para el Señor, y pasar a confiar en Él con relación a ella y con lo que ha hecho.

En ocasiones, a todos nos cuesta mucho perdonar. Queremos hacerlo, pero por algún motivo parece demasiado difícil, o aun imposible. En tales casos tenemos que pedir al Señor que nos ayude. ¡Y nos ayudará!

Tome, por ejemplo, el hombre de Marcos 9:21-27, que pidió a Jesús que tuviera piedad y sanara a su hijo. Cuando Jesús le dijo: "Si puedes creer, al que cree todo le es posible", el hombre dijo inmediatamente: "Creo; ayuda mi incredulidad". Jesús no dijo: "Lo lamento, pero eso no alcanza. Te diré una cosa. Una vez que creas 100% veré lo que puedo hacer por ti". No, en cambio honró la sinceridad del hombre y la medida de fe que tenía, y sanó a su hijo.

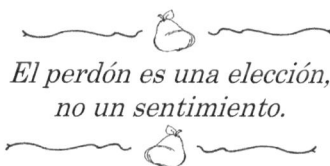

El perdón es una elección, no un sentimiento.

Recuerde que no perdonar es pecado. Pero, como dije antes, no se apresure a perdonar y comparta con el Señor lo que ocurrió y cómo lo hizo sentir. Y luego perdone.

Renuncie a toda decisión negativa pecaminosa

A menudo, cuando somos heridos es porque una mentira viene a batallar contra nosotros, como: "No sirves para nada" o "No puedes hacer nada bien". Y luego, después de ser heridos y sentir resentimiento hacia quienes nos trataron mal, esas mentiras se vuelven personalizadas, asumiendo la forma de "No sirvo para nada" o "No puedo hacer nada bien". En algunos casos podremos agregar nuestras propias heridas a la lista, como "Nadie me quiere" y "No sirve de nada intentar". Lo peor es cuando estas mentiras no parecen desaparecer. Quedan arraigadas en nosotros, persisten, cuestionan la verdad que alguna vez conocimos y establecen una nueva realidad en nuestro corazón.

Estas decisiones negativas son lo que se conoce como fortalezas y, en este caso, fortalezas negativas personales. Son personales porque son nuestras. Se forman a partir de nuestra experiencia personal y permanecen porque están asociadas con nuestros problemas de raíz. Son negativas porque nos mantienen atados bajo la opresión de las mentiras en las que se basan.

Lo que Dios quiere que hagamos es derribar estos argumentos o imaginaciones y aquellas cosas que se han levantado contra el conocimiento de Él (2 Corintios 10:5). ¿Y cuál es el conocimiento de Dios? Para empezar, es todo lo que está basado en su verdad y su carácter. Esto sería verdades como "Dios me ama" cuando la mentira que acepté es que "nadie me ama". Por lo tanto, las fortalezas destructivas personales son aquellas cosas que no están basadas en la verdad de Dios y en su carácter. Cuando tratamos con frutos malos, éstos estarán en línea con estas fortalezas.

... fortalezas negativas... nos mantienen atados bajo la opresión de las mentiras en las que se basan.

Lo cual nos trae a la última parte de la oración para extraer problemas de raíz: "derribar" o demoler decisiones negativas. Estas son nuestras fortalezas negativas personales. Las derribamos retirando nuestras decisiones negativas, dejándolas o renunciando a ellas. Al hacerlo, usamos las palabras que encontremos adecuadas y que expresen nuestra elección de renunciar a esa decisión: "Renuncio...", "Dejo...", "Ya no estoy más de acuerdo con la mentira de que..." o "Retiro...".

Por ejemplo, si renunciamos a la mentira de "nadie me ama", lo hacemos reconociendo que *Dios* nos ama, ya que no es cierto que "*nadie* me ama". Al hacerlo, estamos eligiendo creer la verdad de Dios acerca de, en vez de las mentiras que nuestro corazón escogió creer.

Recibir oración por el perdón y la sanidad

Dios nos usa para bendecirnos unos a otros. Si bien es Dios quien nos perdona y nos sana, Él usa nuestras oraciones de unos por otros para lograrlo (Santiago 5:16). Cuando confesamos nuestros pecados en voz alta, tenemos el privilegio de asegurarnos unos a otros el perdón de Dios. Si, al leer este libro, usted ha orado para extraer un problema de raíz, debería ahora compartirlo con alguien de su confianza para que pueda orar por el perdón de Dios sobre usted. Tiene algo de maravilloso que alguien pronuncie el perdón de Dios sobre nosotros. Sé por mi parte que estoy más propenso a *sentirme* perdonado cuando alguien ora por mí y hace una pronunciación de este tipo. De alguna forma, parece más real.

Su amigo tal vez quiera ampliar su oración para cubrir cualquier temor o duda específica que usted pueda tener con relación a su andar a partir de este momento en adelante. Todos nos beneficiamos de oraciones que solicitan el amor, la presencia y la provisión de Dios y nos confirman estas cosas. Tal vez él pueda orar

Tiene algo de maravilloso que alguien pronuncie el perdón de Dios sobre nosotros.

versículos sobre nosotros que están de acuerdo con estas cosas y la verdad que hemos aceptado a cambio de las mentiras que creímos alguna vez.

A menudo pido al Señor en oración que traiga circunstancias y personas que extraigan y refuercen la verdad de la sanidad que acaba de tener lugar. Es también una buena idea pedir al Señor que recuerde a la persona las nuevas verdades escritas en su corazón cuando vienen a golpear a su puerta las viejas mentiras. Porque a menudo harán justamente eso.

Tengo una amiga que hace dibujos mientras la persona está identificando los problemas y orando para extraer los problemas de raíz. Lo hace durante la sesión de aconsejamiento, a medida que el Señor le muestra cosas específicas de cada persona. A menudo estos son dibujos de la persona con Jesús mientras hace algo asombroso y especial por ella. Es notable cuán alentadores son estos dibujos, especialmente semanas después, cuando la persona vuelve a casa y es tentada por el enemigo para volver a tomar la vieja basura. Volver a verlos les recuerda la verdad de lo que ocurrió en la sesión de oración, y esa verdad permanece tan sólidamente como el Señor que la trajo.

Además, si hubo asedio demoníaco asociado con un problema de raíz, sugiero que haga que alguien pida al Señor en oración que lo quite. Asimismo, si luego de tratar con una raíz la persona está agotada y exhausta, el amigo puede orar pidiendo descanso y restauración.

A menudo necesitamos oración por sanidad de todo lo que estaba asociado con el fruto malo, cosas que habían resultado de los problemas de raíz por los que se ha orado ahora. También se debe orar pidiendo toda bendición que lo puede edificar en contraste con las formas en que el fruto lo tiró abajo. Si involucró relaciones, podría necesitar oraciones por la restauración de la confianza. Si estaba relacionado con su trabajo, su forma de ver las cosas, las finanzas, el sueño u otra cosa, es una buena idea hacer que alguien ore por usted con relación a esas cosas específicas. Tal vez su fruto malo estuvo relacionado con una enfermedad física; pídale a Dios que lo sane. Finalmente, pida a su amigo que pase algún tiempo sólo escuchando al Señor, ya que podría poner en su corazón algo específico para orar por usted, aparte de estas cosas.

Una última cosa que me gusta hacer con mis clientes es darles una tarea. Idealmente, esto sería algo que fomente la verdad que intercambiaron por cualquier mentira a la que hayan renunciado. Dios quiere que seamos transformados por la *renovación de nuestra mente* (Romanos 12:1). Y, al hacerlo, tenemos que disciplinarnos para pensar en aquellas cosas que son buenas, correctas, puras, etc. (Filipenses 4:8). Sea que usted cree esta tarea para otras personas o ellas las creen para usted, debería invitar a la persona a recordar la verdad, según aparece en la palabra de Dios, cuando se encuentre frente a las viejas mentiras.

Orar para extraer los problemas de raíz

¡Ahora es el momento! Vaya y busque esa persona de confianza. Comparta con ella lo que ha descubierto acerca de sus frutos malos y sus problemas de raíces amargas hasta ahora. Luego recorra en oración los pasos descritos arriba, ¡y vea qué pasa!

Perspectivas a cultivar

- ¿Por qué piensa que Dios quiere que compartamos nuestras historias y sentimientos con Él, cuando oramos para extraer los problemas de raíz, aun cuando sabe todo lo que nos ha ocurrido jamás?
- ¿Cuántas palabras tiene su vocabulario emocional? Si son sólo unas pocas, ¿cuáles son? ¿Y por qué piensa que son tan pocas?
- ¿Por qué piensa que a veces le cuesta a la gente perdonar a los demás? ¿Qué piensa que las ayudaría a perdonar?
- ¿Cuáles son algunas cosas que ha aprendido acerca de fortalezas personales?
- ¿Cuáles son algunas razones por las que es bueno, cuando oramos para extraer los problemas de raíz, hacerlo con otra persona y hacer que la persona ore por nosotros?

<u>Cómo identificar sus sentimientos</u>

El siguiente ejercicio lo ayudará a identificar mejor sus sentimientos. Con la práctica, su capacidad para identificar y describir sus sentimientos mejorará. De ser posible, haga este ejercicio con un amigo. Recuerde que aprender a identificar sentimientos es como aprender palabras nuevas. Cuanto más los usemos, más conocidos se vuelven y más rápidamente aprendemos a reconocerlos. Porque así como un vocabulario más grande nos permite compartir ideas con mayor claridad, una paleta más grande de emociones hace que nuestra experiencia de vida se vuelva más colorida y vívida.

Comenzando con un problema de raíz identificado, haga lo siguiente:
Complete el *primer* espacio en blanco de la frase: "Realmente me dolió cuando ocurrió _____ . Me sentí _____."
Al pensar en la frase "Me sentí _____", recorra lentamente la lista del Apéndice A: "Palabras para los sentimientos"
Complete el *segundo* espacio en blanco escribiendo todas las palabras que describan cómo puede haberse sentido usted.
Haga esto para cada problema de raíz identificado.

Exhibir frutos buenos

Será como árbol plantado junto a corrientes de aguas,
Que da su fruto en su tiempo,
Y su hoja no cae;
Y todo lo que hace, prosperará.
Salmos 1:3

Haced, pues, frutos dignos de arrepentimiento.
Mateo 3:8

Dios quiere que demos frutos buenos. Cuando nuestra vida da frutos buenos, revela la gloria de Dios a través de nosotros y en nosotros. También recibimos algunos beneficios. Es que Dios quiere que las cosas nos vayan bien. Quiere que el fruto bueno se manifieste en nuestras relaciones, para que comencemos a verlo y experimentarlo, a Él y a otros, como *realmente son* y no como nuestras heridas anteriores nos hacen verlos. Él desea que vayamos más allá del fango de nuestro pasado y demos fruto bueno a pesar de cuáles sean nuestras circunstancias.

> *Cuando nuestra vida da fruto bueno, revela la gloria de Dios a través de nosotros y en nosotros.*

La exhibición de cambio positivo y fruto bueno en nuestra vida, luego de orar por los tema de raíz, ocurre en una de dos formas. Una forma es una consecuencia natural del proceso de orar para extraer los problemas de raíz. La segunda forma requiere nuestro esfuerzo.

El cambio como un resultado natural

El resultado natural de orar para extraer los problemas de raíz es el fruto bueno. El cambio ocurre. No es algo que debemos hacer que ocurra. Tampoco debemos creer más fuertemente o esperar más esforzadamente para que aparezca. El fruto bueno ocurrirá por su cuenta.

102

Luego de orar para extraer un problema, la raíz que alimenta el fruto malo ha sido cortada, arrancada. Esto causa la reducción de producción del fruto malo. En cuanto al crecimiento del fruto bueno, viene de sembrar semillas buenas, como la obediencia. Así que, cuando obedecemos a Dios al confesar nuestros pecados, perdonar a otros y dejar las mentiras a cambio de la verdad, estamos sembrando semillas buenas, semillas de obediencia. El resultado es fruto bueno.

A veces podremos encontrar que, aun después de orar para extraer algunos problemas de raíz aparentes, nada parece cambiar. Puede haber varias razones para esto. Al trabajar en los temas de fruto malo en nuestra vida, a menudo hay más de un problema asociado con cada tema. En algunos casos, antes que ocurra el cambio, varios o aun muchos problemas de raíz relacionados con el mismo tema requerirán de oración.

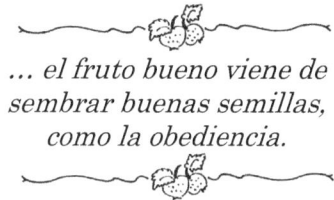

... el fruto bueno viene de sembrar buenas semillas, como la obediencia.

Es como quitar una pared. Podemos romper ladrillos aislados, pero la pared permanece. Hay agujeros grandes, por cierto. Y la pared queda definitivamente debilitada. Pero a veces requiere mucho trabajo de demolición para que termine derrumbándose.

A veces el cambio llega gradualmente, creciendo en fuerza con el tiempo. Con cada problema adicional por el que oramos ocurre un cambio adicional. Esto suele verse en áreas donde hemos tenido un tema muy predominante de fruto malo con múltiples insultos a lo largo de un período largo de tiempo.

En otras ocasiones, el cambio no se verá o sentirá hasta después. A menudo se requiere de una circunstancia especial para revelar el cambio que ha tenido lugar. En caso contrario, nunca lo notaríamos. Por ejemplo, yo necesité participar de una discusión real con mi esposa para darme cuenta de que ya no tenía una actitud pasiva.

Sin embargo, hay ocasiones en que el problema que abordamos en oración no era realmente el problema de raíz. Sólo porque nos ocurra algo adverso no significa que es un problema de raíz que está produciendo fruto malo. De nuevo, lo que causa el fruto malo es la forma en que respondimos a lo que ocurrió. No obstante, siempre es mejor orar por algo antes que no hacerlo porque no estamos seguros.

Muchas veces, justo después de orar, algunas personas sienten una liberación inmediata en su corazón. Algunos experimentan un cambio en la forma de ver la vida, a ellos mismos y aun a Dios. Una respuesta típica es que el dolor en el corazón ha desaparecido, como si algo hubiera sido quitado. En más de una ocasión, he visto a clientes que eran muy hábiles en tratar de usar la lógica para razonar sus problemas, por supuesto infructuosamente. Habían entrenado su mente para creer lo mejor acerca de una situación, aunque su corazón nunca "compró la idea". Pero, cuando finalmente oraron para extraer el problema de raíz, su corazón se sintió liberado para *sentir* la verdad que alguna vez sólo *sabían*.

Recuerdo una mujer que compartió lo que había ocurrido con relación a su padre luego de orar para extraer algunos de sus problemas. Dijo: "Las cosas que mi padre sigue haciendo ya no me exasperan, aun cuando todavía me duelen". Puede doler todavía cuando la gente nos hiere, pero cuando los problemas de corazón han sido tratados, ya no *penetra* tan profundamente como antes. También es más fácil dejar pasar esas ofensas.

El corazón cambiado de ella ahora ponía más en evidencia el fruto malo de ellos...

A menudo, luego de orar para extraer problemas de raíz, podríamos experimentar una verdadera sensación de paz por primera vez en nuestra vida. La vergüenza, la culpa y la desesperación se disuelven. Las mentiras son quitadas. Las pesadillas recurrentes cesan. Se vuelve más fácil recibir la gracia de Dios y su presencia, y escuchar su voz. Las cosas parecen más brillantes, la vida parece más fácil de recorrer; nos sentimos menos cargados. Como si se nos hubiera sacado un peso de encima. Vemos las cosas de otro modo. Cada cambio trae beneficios que son únicos para el individuo y sus problemas de raíz.

A veces, sin embargo, podremos experimentar cansancio y aun agotamiento luego de orar para extraer nuestros problemas. Esto es muy normal. De hecho, suele ser evidencia de que hemos logrado algo en lo profundo de nuestro corazón. Cuando esto ocurre, es una buena idea conseguir un buen descanso; ¡tómese una o dos horas para una siesta!

Puede haber un período de ajuste, una recaída, o percibir un cambio en nuestras relaciones. Esto puede ser un golpe para algunos. Para otros, podría ser un alivio. Se debe a que el tema del problema de raíz ha sido tratado en oración. Como resultado, ciertas personas ya no "encajan" en nuestros problemas de raíz, y nosotros no encajamos en los de ellas. Además, tal vez ya no queramos estar cerca de ciertas personas. O tal vez simplemente descubramos que atraemos a otra clase de personas, las personas que quieren una relación saludable y no disfuncional. Una mujer que conocí tenía una historia de luchas con su incapacidad para imponerse. Antes de buscar ayuda, había sido fácilmente manipulada, y la gente se aprovechaba de ella. Este era el fruto malo que hizo que solicitara aconsejamiento. Pero, luego de orar para extraer sus problemas de raíz con relación a esto, Dios restableció su capacidad para decir "no", y decirlo sin sentirse culpable o mal. Para sorpresa suya, a las primeras semanas de volver a casa sus socios comerciales le pidieron que dejara la sociedad. La razón: ya no podían manipularla para que hiciera todo el trabajo. Su corazón cambiado hizo que el fruto malo *de ellos* quedara más en evidencia. Ahora bien, esta fue, en realidad, una oportunidad que Dios les dio a ellos de estar a la altura de la situación y cambiar. Pero ellos no lo vieron así, y escogieron huir de la relación para buscar a otra persona que pudieran manipular fácilmente. De una forma u otra, fue una bendición para mi cliente, ya que siguió adelante y encontró relaciones laborales más saludables y provechosas.

Si somos solteros, tal vez nos encontremos atraídos a un espectro diferente de personas del sexo opuesto. Nuestras preferencias podrían cambiar. ¿Por qué? Porque nuestros problemas de raíz se han ido, y ahora tenemos menores posibilidades de ser atraídos a personas que se correspondían con esos problemas de raíz.

A veces, se han roto relaciones y aun compromisos de matrimonio porque una persona comienza a tratar con sus raíces mientras que la otra no. Un joven, luego de orar para extraer los problemas principales de su vida, vio un cambio en sus relaciones y volvió a la facultad. Él y uno de sus amigos anteriores comenzaron a alejarse entre sí. Era como si ya no compartían demasiadas cosas. Si bien seguían siendo amigos, las cosas parecían no seguir igual. Al principio, esto era muy desconcertante para él. Pero pronto se dio cuenta de que esto era porque ya no tenía un problema de raíz similar al de su amigo. Lo que sí ocurrió fue que formó una amistad estrecha con otro muchacho. Esta era una persona más "sana", que no "compró"

105

ninguna de las viejas mentiras que había creído acerca de sí mismo alguna vez. Si estamos casados, podrá parecer que cambia nuestro cónyuge. Debido a lo que ha ocurrido con nosotros, nuestra relación con él o ella podría quedar desequilibrada. A menudo, una nueva sensación de equilibrio da a nuestros cónyuges espacio para cambiar y florecer donde antes se sentían ahogados por nuestra contaminación. Ya no se sienten tentados a responder según los juicios que alguna vez estaban arraigados en nuestro corazón. Nuestro cambio podrá afectarlos de forma tal que hasta los ponga en contacto con sus propios problemas no resueltos. (La primera historia del capítulo *Ejemplos de "orar para extraer los prblemas de raíz"* es un ejemplo de esto.) En algunos casos, pueden volverse menos inclinados a culparnos, ya que nuestra contaminación se ha ido, y les cuesta más proyectar sus problemas sobre nosotros. O tal vez simplemente nos demos cuenta de que las acciones y las palabras de nuestro cónyuge ya no nos lastiman como antes.

A menudo nuestras circunstancias cambiarán. Podremos perder un trabajo o tener que mudarnos. Podríamos finalmente obtener un trabajo que hemos estado buscando durante mucho tiempo. Un hombre vino buscando ayuda mientras estaba buscando trabajo. Su patrón anterior era que obtenía constantemente trabajos done había mucha incomunicación entre sus jefes y él. Encontraba que "se metía en problemas" mucho, haciendo lo que *pensaba* que le decían que hiciera para averiguar luego que en realidad su jefe esperaba otra cosa de él. Evidentemente, esto lo ponía muy nervioso, al no saber qué cosa "lo metía en problemas". Pero cuando oró para extraer los problemas de raíz desde su niñez, dijo que su trabajo siguiente fue diferente. Era un lugar donde estaba bien informado y sabía exactamente qué hacer y qué no hacer. Hasta le pagaron su tiempo de capacitación.

Otro hombre era pasado por alto repetidamente en su lugar de empleo. Otros obtenían aumentos u oportunidades de progresar mientras que él no, por más que lo pidiera. Y, peor aún, el jefe siempre parecía tener una explicación "razonable". Pero luego de orar para extraer algunos problemas de raíz, tuvo la oportunidad de progresar y recibió finalmente un aumento.

A veces las cosas simplemente necesitan "trabajo" antes que pueda haber un cambio y una resolución. Como resultado de nuestras acciones y elecciones anteriores, ciertos compromisos e

106

intervenciones ya están en marcha. Estas cosas tendrán que ser llevadas a cabo y recorridas, independientemente de haber orado para extraer los problemas de raíz. Lo bueno es que, ahora que han sido abordados, probablemente no nos veamos afectados tan profundamente. En algunos casos, Dios quiere que permanezcamos donde estamos, para trabajar el carácter en nuestra vida, especialmente ahora que un problema de raíz ha sido abordado.

Para algunos de nosotros, las cosas parecen en realidad ponerse más difíciles en vez de mejor. Esto ocurre a menudo con personas que han reprimido sus sentimientos durante muchísimos años. Al restaurarse su corazón,

A veces las cosas simplemente necesitan "trabajo" antes que pueda haber un cambio y una resolución.

comienzan a sentir nuevamente, y sentir puede ser muy incómodo. Como han reprimido las cosas durante tanto tiempo, tienen que ponerse al día. Y esto a menudo lleva algún tiempo.

El Cambio que Viene a Través del Esfuerzo

Hay un segundo aspecto relacionado con exhibir cambios, y es el que exige esfuerzos de parte nuestra. Esto es algo que a veces debemos hacer. Es cuando *nosotros* damos fruto según aquello de lo que nos hemos arrepentido (Mateo 3:8). Arrepentirse significa dar la vuelta, como en "¡media vuelta, adelante!". No alcanza con simplemente girar. Ahora necesitamos andar en la verdad, vivirla activamente a diario.

No alcanza con simplemente girar... ahora necesitamos andar en la verdad, vivirla activamente a diario.

Antes, nuestro corazón estaba preparado para el resentimiento hacia una persona, al mantener la falta de perdón contra esa persona. Ese resentimiento nos impedía ver y reconocer nuestra parte, lo cual nos impedía resolver el problema. Creíamos mentiras acerca de nosotros, acerca de los demás, y acerca de la vida. Pero una vez que nos volvemos de estas cosas al orar por ellas, tenemos que emprender un nuevo camino.

Una vez que hemos quitado las mentiras, tenemos que andar en la verdad y abrazarla recordando a nuestro corazón lo que ahora sabemos. Independientemente del fruto malo y los problemas de raíz y de cuánto hemos avanzado en el proceso de sanidad, tenemos que poner en práctica las cosas que Dios quiere que hagamos: resistir el pecado, ser autocontrolados, orar y estudiar la Biblia, para nombrar sólo algunas. Tenemos que acercarnos a Jesús. También tenemos que acercarnos a otros que nos recordarán la verdad y nos alentarán, personas con las que podemos orar y a quienes podemos confesar nuestras luchas secretas.

El Señor nos dijo que enfrentaríamos dificultades y pruebas en estas vida (Juan 16:33). Como cristianos, a veces lucharemos contra viejos y malos hábitos en medio de la búsqueda de un buen carácter y mayor sanidad. Mientras estamos en esta vida, seguiremos batallando contra Satanás y sus fuerzas, a quienes lo que más les gustaría es vernos dejar de lado la verdad que hemos llegado a conocer por un nuevo conjunto de mentiras.

A veces puede ser necesario un período de perseverancia o resistencia a la tentación antes que exista la experiencia de un cambio duradero. Recuerdo ocasiones en las que, a pesar de haber recibido oración por algunos problemas, durante un tiempo tuve que seguir soportando dificultades similares al patrón de mi viejo fruto malo. Pero, al resistir, terminaron por desaparecer. El Señor no sólo estaba edificando mi carácter en mi vida. Con el tiempo me demostró algo acerca de mí que yo no había sabido. Me mostró que tenía ciertas destrezas dentro de mí que nunca hubiera conocido o desarrollado si no hubiera pasado por lo que pasé. A menudo, el Señor permite estas experiencias para que podamos aprender una lección en la conquista –para que aprendamos que su gracia siempre es suficiente–, que su poder ciertamente es perfeccionado en nuestra debilidad.

... Dios quiere escribir en nuestro corazón que en Él tenemos el poder para vencer...

Donde alguna vez nos sentimos derrotados, aun controlados, por un problema, Dios quiere escribir en nuestro corazón que *en Él* tenemos el poder de vencerlo. Y, además, que cuando conquistamos algo obtenemos una medida de autoridad en esa área. Esta nueva autoridad nos permite hacer cosas que nunca pensamos que podríamos hacer. También nos permite la capacidad de hablar a la vida de otros, ayudándolos y alentándolos para que ellos también puedan ser libres y más eficaces en servir al Señor.

Perspectivas a cultivar

- ¿Por qué piensa que Dios quiere que demos fruto bueno?
- ¿Por qué piensa que Dios a veces espera para revelar otros problemas de raíz en nuestra vida más adelante?
- ¿Cuáles son algunas razones por las que orar para extraer los problemas de raíz no nos libra de todos nuestros problemas? ¿Cuál piensa que es el propósito de Dios en esto?
- Luego de haber orado para extraer algunos problemas de raíz específicos, ¿cuáles son algunas cosas que Dios quiere que usted haga de otra forma?
- Si usted ha experimentado cambios luego de orar para extraer algunos problemas de raíz, ¿con quién puede compartir su historia? Hágalo hoy.

Registre la verdad

Luego de orar para extraer un problema de raíz, dedique algún tiempo a poner por escrito sus respuestas a las siguientes preguntas:

¿Cuál es la *verdad* de lo que Dios dice de mí? (ej: "Valgo la pena ser escuchado", "Dios me ama".)

¿Qué pasajes bíblicos apoyan esto?

¿De qué forma práctica puedo poner en práctica activamente la verdad de lo que Dios dice de mí?

Registre lo que Dios dice

Como resultado del fruto bueno que ha aparecido, dedique tiempo a hacer al Señor las siguientes preguntas y ponga por escrito lo que Él le dice. Usted sabrá que ha sido Dios si lo que escucha coincide con su Palabra:

"¿Qué te gusta de mí?".

"¿Cómo me ves?". Él podría darle una imagen de algo, o tal vez le hable más a través de palabras que de imágenes. Tome la verdad (que usted cambió por la mentira que solía creer) y pregunte al Señor: "¿Por qué esto es cierto acerca de mí?".

Analice perspectivas especiales

Junto con lo que usted puede haber registrado al hacer el ejercicio anterior, asegúrese de poner por escrito cualquier palabra, visión, pasaje bíblico, canción, etc. Que el Señor le ha dado en otro momento o lugar durante el proceso de su investigación y oración. De tanto en tanto, léalos en voz alta para usted. Medite en ellos y escriba toda otra perspectiva que reciba. Asegúrese de usarlos para alentarse a menudo.

<u>Escriba su historia</u>
    Registre el proceso que usted atravesó cuando oró para extraer uno o más problemas de raíz. Al hacerlo, asegúrese de extenderse en las respuestas a las siguientes preguntas:
    ¿Cuál fue el fruto malo?
    ¿Cuáles fueron los problemas de raíz?
    ¿Cuál fue mi oración?
    ¿Cuál fue el fruto bueno que apareció?

<u>Comparta su historia con otros</u>
    Hay varias razones para poner por escrito su historia. Por un lado, será un aliento para usted, ahora y más adelante. Lo ayudará a darse cuenta de lo que Dios puede hacer en otras áreas de su vida. Pero aún más, será un testimonio que puede compartir ahora. Al compartirlo, el Señor lo usará para alentar y bendecir a otros. Esto se ha vuelto "buenas noticias" para compartir con otros, y las buenas noticias es lo que Él usa para alcanzar al mundo, de una persona por vez.
    Finalmente, me encantaría escuchar cómo el Señor lo ha bendecido. Si así lo siente, envíeme una carta o un correo electrónico con su historia. Esta clase de historias siempre me resultan alentadoras. Asegúrese de hacerme saber si es algo que me permitiría compartir con otros al ministrar, enseñar o escribir. ¡Espero oír de usted!

Resumen de RIPE

Lo que sigue es un resumen de RIPE. Es algo útil para consultar al tratar con frutos malos en su vida.

Reconocer: reconozca el fruto malo.
Tome nota de los tipos específicos de frutos malos que usted está experimentando.
Busque un patrón en las ocasiones y circunstancias en que este tipo de problema ha ocurrido en su vida
Recuerde cómo lo hizo sentir cada vez que ocurría esto.

Identificar: Identifique los problemas de raíz
Recuerde que el fruto se parece a la raíz, y que si hay un fruto malo hay una raíz mala
Pida al Señor que le muestre otras ocasiones en su vida en que se sintió igual
- Escríbalas e incluya todo detalle importante
- Para cada suceso, anote qué decisiones usted tomó y las mentiras que llegó a creer como resultado

Pedir: Ore para extraer los problemas de raíz
Para cada suceso, en oración al Señor:
Cuente los sucesos que ocurrieron
Comparta con Él cómo se sintió en ese momento
Confiese al Señor sus respuestas pecaminosas a la situación
Perdone a quienes lo agraviaron.
Renuncie a toda decisión pecaminosa o negativa que pueda haber tomado.
Reciba oración por el perdón y la sanidad.

Exhibir frutos buenos
Esté atento al fruto bueno, y experiméntelo
Esfuércese por producir fruto bueno.

Ejemplos de "orar por los temas de raíz"

No las encubriremos a sus hijos,
Contando a la generación venidera
las alabanzas de Jehová,
Y su potencia, y las maravillas que hizo.
Salmos 78:4

Cuando Dios ha hecho grandes cosas en nuestra vida, Él quiere que lo compartamos con otros. Si usted es como yo, aprendo mucho más de escuchar acerca de las experiencias de la vida real de otros. Escuchar este tipo de historias suele llevarnos a reflexionar sobre nuestra propia vida. Y somos alentados también, porque ganamos confianza de que algo puede hacerse realmente con nuestros problemas. Por favor tenga en cuenta que, en la mayoría de las historias que estoy por compartir, la sanidad no fue necesariamente instantánea, ni desaparecieron *todos* los problemas que tenían estas personas.

Recuerde que convertirse en cristiano no significa que todas las "cosas malas" desaparecen mágicamente. Sí significa que tenemos un recurso en nuestro Señor asombrosamente compasivo y misericordioso para tratar con esas "cosas". Y significa especialmente que tenemos a Jesús mismo para caminar por la vida con nosotros.

Al leer estas historias, usted verá elementos clave que he identificado en el libro que aparecen cuando las personas oran para extraer sus raíces. También notará que no hay una "fórmula" estricta o una forma específica de orar. En cambio, cada oración encaja con la singularidad de la persona y la guía del Señor. Si bien los nombres de las personas involucradas así como la información personal pueden haber sido cambiados, los sucesos, problemas y resultados mismos son verídicos. Además, las oraciones no son necesariamente textuales, sino más bien un resumen de lo que se oró.

Si usted encuentra que se identifica con algunas de las historias que siguen, saque lápiz y papel y ponga por escrito lo que el Señor le está mostrando. Luego comience a trabajar en RIPE. Mi oración es que el Señor use estas historias para llevarlo a reflexionar sobre su propia vida. Y que al hacerlo se abra una puerta de oportunidad para usted donde el Consejero Maestro pueda entrar libremente para hacer su trabajo hermoso de sanarlo.

Nadie me hace preguntas personales

Hubo un tiempo en que Juan sentía que nadie quería conocerlo realmente. Las personas le contaban acerca de ellas, pero nadie parecía tener un interés personal en él. Juan sentía que siempre era el que hacía las preguntas. A través de nuestro tiempo juntos, supimos que evidentemente, de chico, había llegado a aceptar esto como una norma para él. Pero, de adulto, comenzó a darse cuenta de que tenía un profundo resentimiento interior al respecto. A menudo trataba de consolarse con pensamientos como: "Soy sólo un 'buen tipo'" o "Es lo que le corresponde hacer a un cristiano". Ahora bien, por supuesto que estas cosas son ciertas, pero también es normal y saludable esperar un intercambio de interés y pensamientos en una relación. Las relaciones involucran dar y tomar, y él encontraba que sus relaciones involucraban mucho dar y poco tomar.

Al comenzar a explorar dónde podría haberse originado este patrón, Juan recordó cuando se sentaba a la mesa con sus hermanos mientras visitaban a su padre. Según lo recordaba, parecía como si su padre era el único que hablaba. De niño, Juan dio por sentado que esto era simplemente todo lo que hacían padres e hijos: los padres hablan y los hijos escuchan y hacen preguntas. También recordaba que, si quería decir algo no podía simplemente esperar que se lo pidieran, sino que debía meterse en la conversación. El problema era que, si lo hacía, su padre volvía rápidamente la conversación hacia él. Además, Juan me dijo que no podía recordar que su padre le hubiera hecho *jamás* una pregunta personal.

Así que, reconociendo esto como una posible raíz amarga, Juan oró: "Señor, recuerdo cómo mis hermanos y yo nos sentábamos a la mesa mientras mi papá era el único que hablaba. Cuando hablábamos nosotros, él rápidamente daba vuelta la conversación hacia él. Yo necesitaba que me hiciera preguntas personales y que mostrara interés en mí. Y ahora veo que lo juzgué por esto. Tuve resentimientos hacia él por no hacerme sentir importante. Comencé a creer que mi tarea era simplemente escuchar y hacer preguntas. Como resultado, me sentí rechazado. Lo que veo ahora es que me di por vencido, y acepté mentiras a fin de tratar con mi desilusión. Ahora lo perdono por mantenerme a mí y a mis hermanos en estos papeles y por no mostrar interés en nosotros. También renuncio a mi decisión de que no puedo esperar que nadie me haga preguntas personales".

Resultado

Parte I: Poco después de nuestra sesión juntos, el padre de Juan lo llamó por teléfono. Como de costumbre, se preparó para un largo tiempo de escuchar, pero entonces ocurrió algo distinto. El padre llegó a hacerle dos preguntas: "¿Cómo andas?" y "¿Cómo anda el trabajo?". ¡No lo podía creer! Recordando lo que había orado, aprovechó esa ventana de oportunidad y comenzó a compartir. Algo había cambiado. De hecho, Juan me ha contado que desde entonces cada vez que tiene una conversación con su padre casi siempre le hace una o dos preguntas personales. Es que el padre de Juan no cambió; Juan cambió. Su juicio se ha ido, dejando de tentar a su padre para ignorarlo.

Parte II: Cuando Juan compartió con su esposa lo que había cambiado entre su padre y él, realmente tocó el corazón *de ella*, al punto que fue a su dormitorio y se puso a llorar. Más tarde, cuando Juan le preguntó qué le había pasado, ella compartió que había recordado cuánto le dolía cuando *su* padre no tomaba un interés en ella de chica. Evidentemente, compartir la historia de él la puso en contacto con su dolor enterrado. Así que, mientras estaba en el dormitorio recordando su dolor, él la llevó a orar por sus recuerdos y los juicios que había hecho hacia su papá.

Unos dos días después el padre de ella llamó. Si bien había llamado en el pasado, esta vez fue diferente. En el pasado, Juan notaba que sus conversaciones siempre eran breves. ¡Pero esta vez ella llegó a tener una conversación que duró más de media hora! Así que, uno puede ver que el fruto bueno en la vida de Juan se volvió un catalizador, alentando la sanidad en la vida de su esposa también.

No durará

Cuando Susana se mudó a su casa recién construida, se sintió abrumada. Algo de esto era demasiado para ella, y no podía sentirse tranquila. Encontró que le costaba "recibir" su nueva casa, y lo que debería haber sido algo alegre la dejó sintiéndose inquieta. Además, había otro problema acuciante aunque muy diferente en la vida de Susana. Si bien ella generalmente podía tener un corazón "abierto" cuando se comunicaba con su esposo,

114

él notaba que si algo la alteraba mientras hablaban, ella inmediatamente se cerraba y erigía un muro entre ellos. Él compartió cuánto le dolía esto y le preguntó si ella se daba cuenta de que hacía esto. Si bien le costó admitirlo, ella estuvo de acuerdo y decidió poner el tema en oración. Su esposo oró: "Jesús, ¿quieres mostrarnos cuándo Susana aprendió a cerrar su corazón?". Y el Señor trajo lo siguiente a la mente de ella. Susana había nacido en Alemania durante la Segunda Guerra Mundial. De niña, ella y su familia habían sobrevivido el bombardeo de Dresden en febrero de 1945. Debido a la devastación, su familia fue a quedarse a un tambo en Bavaria. Este lugar se convirtió en un refugio para ella. Estableció un fuerte vínculo con la esposa del granjero, que se volvió como una abuela para ella. Esto fue un verdadero regalo para Susana, ya que su propia madre, si bien físicamente presente, había quedado tan traumatizada por la guerra que no podía prestarle demasiada atención.

Pero entonces el Señor siguió y le mostró otra cosa. Todo esto terminó cuando Susana tenía cuatro años y medio. Se vio a ella misma despidiéndose de su "abuela" al dejar sus padres la granja y dirigirse a Argentina. Su corazón quedó partido en dos. Estaba dejando un refugio seguro (y una figura maternal con la que se había vinculado) para ir a un lugar desconocido con su verdadera madre, que estaba vacía y sufriendo por dentro, y su padre, que no era sensible a sus necesidades emocionales. Como resultado, había decidido encerrarse emocionalmente, convencida de que las relaciones estrechas y amorosas "nunca durarán" y que "siempre saldría perdiendo".

El esposo de Susana entonces preguntó: "¿Te parece bien pedirle a Jesús que lleve a la cruz tu necesidad de cerrar tu corazón cuando te sientes atemorizada de perder algo o piensas que nada bueno durará?".

En respuesta, ella comenzó a llorar, diciendo: "¿Qué haré cuando me lastimen de nuevo?". Su elección de encerrarse fue reforzada más por heridas de su padre mientras estuvo en Argentina. Hizo que le resultara muy difícil a ella mantener su corazón abierto hacia él. Si bien había orado previamente para extraer estos problemas de raíz con relación a su padre, no había tocado el dolor de cuando su familia había dejado la granja.

Así que, en oración, Susana compartió con el Señor cuánto odiaba lo que había ocurrido en ese tiempo y cuánto la había lastimado. Confesó su decisión de cerrar su corazón y se la entregó voluntariamente a Él. Esto permitió que emergiera la pena que había estado enterrada todos esos años.

Como resultado, Susana encontró que el impulso de cerrarse emocionalmente cada vez que se sentía herida estaba disminuyendo. Ahora se había vuelto más una cuestión de elección que una respuesta automática. Encontró la fuerza para entregar y comunicarse antes que huir, que hizo una gran diferencia en su matrimonio. Además, pudo descansar finalmente en su nueva casa, porque ya no le recordaba a su corazón el tiempo en que fue quitada de la granja y de la "abuela" que amaba.

Tengo demasiado para decir

Mientras María y yo trabajábamos juntos para preparar una charla que ella iba a dar en una conferencia, le costaba mucho organizar sus pensamientos. Comenzó a sentir que estaban apareciendo muchas emociones, especialmente cuando intentaba ensayar lo que iba a decir.

Cuando le pregunté qué pensaba que estaba detrás de los sentimientos, me dijo que sentía como si tuviera demasiado para compartir. Como colega consejera bien entrenada en buscar raíces, inmediatamente llevó ese pensamiento al Señor y le pidió que le mostrara en qué otro momento ella se había sentido así, y quién la había hecho sentirse así. Recordó estar en la escuela de niña y tener un maestro que era muy severo y crítico ante cada intento de ella de escribir una composición o hacer un informe oral. Recordaba haberlo visto tratar a otros alumnos de esta misma forma, lo que hacía que muchos chicos tuvieran temor de ser corregidos, aun cuando hicieran exactamente lo que él les pidiera. Al pensar en este recuerdo, María se dio cuenta de que no sólo se había sentido ofendido ella misma sino que también se había sentido ofendida por como había sido tratado otro alumno. Además de juzgar al maestro, ella se había juzgado a ella misma por tener "demasiado para decir", con lo cual estaba de acuerdo con la crítica que le había hecho el maestro. También descubrió que había tomado varias decisiones negativas, como "No tengo nada bueno que decir", "Hago preguntas estúpidas", "No sé cómo expresarme" y cosas similares. Cuando le preguntamos al Señor lo que pensaba al respecto, Él le dijo a María que ella tenía todo un *almacén* de cosas buenas para decir, que provenían de lo que Él le había enseñado así como de sus propias experiencias personales. Además, Él *quería* que ella compartiera estas cosas con otros, y Él le indicaría qué cosas compartir.

En oración, María contó su historia acerca de lo que había ocurrido en la escuela, cuánto la había lastimado y cómo la había hecho sentir mal acerca de lo que compartía. Confesó su pecado de juzgar al maestro y le perdonó por cómo la había lastimado a ella y a los demás alumnos, especialmente aquel niño específico. Luego detalló todas las decisiones negativas que había tomado, confesándolas como pecado y escogiendo renunciar a ellas. Luego de esto, María y yo volvimos a preparar la conferencia. Ella sintió la diferencia inmediatamente. Encontró que no sólo podía encontrar las perspectivas pertinentes sino que también las podía expresar fácilmente. Y pudo hacer todo esto sin un montón de emociones que la distrajeran. Cuando finalmente dio su charla, le fue muy bien, sin que apareciera ningún temor de que tenía "demasiado para decir".

Está furiosa, debo ser malo

Durante una visita, Miguel y su amigo hablaron de toda clase de cosas interesantes. De convicciones personales, películas, temas de actualidad, política y otras cuestiones. Fue un tiempo bueno, pero al irse Miguel sintió que se venía una vieja sensación de pesadez. Describió el sentimiento como uno que le decía que de alguna forma era "malo". Y esto estaba relacionado con el tiempo en que él y su amigo estuvieron compartiendo sus convicciones personales. Si bien Miguel es un cristiano sólido, siente libertad en algunas áreas en las que su amigo no, y esto hizo que Miguel se sintiera asediado por una sensación silenciosa de condenación luego de su tiempo juntos.

Más tarde ese día, Miguel dijo que habló con su esposa por teléfono. Todavía tenía el sentimiento de algo "malo". A través de su conversación él pudo darse cuenta de que algo estaba mal y que ella estaba furiosa con él. De pronto, la sensación cambió de "soy malo" a "debe ser culpa mía que ella está furiosa". El problema era que Miguel no sabía lo que había hecho mal, ¡así que no sabía cómo arreglarlo! Lamentablemente este era un patrón frecuente en su estilo de comunicación y lo que finalmente llevó a Miguel a venir en busca de ayuda.

En oración, Miguel pidió al Señor que revelara otros momentos en que se había sentido así. El Señor le mostró varias ocasiones, especialmente en su relación con su papá. Miguel recordó cómo su padre nunca parecía entusiasmarse por él o

117

interesarse por él. Como sus padres se divorciaron, no veía a su papá con demasiada frecuencia y, cuando lo veía, siempre parecía estar pensando en otra cosa. Al reflexionar Miguel en cómo lo hacía sentir, surgió una profunda sensación de tristeza de su interior, y comenzó a llorar. Como hijo, había necesitado que su padre *quisiera* conocerlo, que le importara lo que le gustaba y lo que no le gustaba, sus últimos logros, sus descubrimientos. Pero esa falta de interés, en cambio, dejó un enorme agujero en el corazón de Miguel, un agujero que lo dejaba vulnerable a las opiniones de otros acerca de él, no importa cuán distorsionadas fueran.

Miguel entonces oró para extraer de raíz todos estos recuerdos y sentimientos acerca de cómo su padre no lo hacía sentirse especial o amado. Luego confesó los juicios que tenía acerca de él, y lo perdonó. Finalmente, renunció a su decisión de que "no era especial", y que nadie lo vería como tal.

En ese punto, Miguel hizo una conexión entre lo que había ocurrido con su papá cuando era más joven y el tema del día presente con el cual estaba luchado: "Está furiosa, debo ser malo". Si su padre *hubiera* pensado que él era maravilloso, y Michel realmente lo supiera en su corazón, entonces cuando otros dieran a entender que era "malo" de alguna forma, tendría menos posibilidades de dejar que esa opinión lo afectara. Pero, como en realidad su corazón había quedado vacío en esta área, estaba vulnerable a creer la mentira que *debía* ser malo, y no que a veces hacía cosas malas. Cada vez que veía a su madre enojarse, especialmente desde que sus padres se divorciaron, de alguna forma llegó a pensar que era su culpa, y que él tenía que arreglarlo. Como no lo podía hacer, de niño llegó a la conclusión de que era "malo". Esto muestra cuán importante es que los niños sepan que son un deleite para sus padres, especialmente sus papás.

Como resultado de orar para extraer este problema de raíz, Miguel informó que la vieja sensación de pesadez desapareció. También encontró una nueva sensación de libertad, que era la libertad de un sentido inadecuado de responsabilidad cuando su esposa se alteraba. Con el tiempo, esto llevó a una mejor comunicación entre ellos, ya que Miguel tenía una actitud menos defensiva y más abierta hacia ella. Y esto, a su vez, la hizo sentirse más escuchada y, por lo tanto, valorada.

Ya no responsable

Isabel había estado luchando con un patrón de relaciones poco saludables, la mayoría de las veces con mujeres. Estas mujeres le daban un sentido de seguridad en la relación y la hacían sentir bien acerca de ella misma, algo que no podía encontrar en otro lugar. A menudo buscaba "relaciones exclusivas" donde no tendrían ninguna amiga aparte de ellas dos. Pero este tipo de relaciones terminaba en problemas.

Isabel recordó que, mientras crecía, su madre era muy controladora y manipuladora. A menudo hablaba de Isabel como "la hija de mi vejez", que significaba "esta es la hija que me cuidará cuando envejezca". En esencia, compraba la atención de Isabel dándole frecuentemente regalos, y regalos que incluían condiciones. Isabel me dijo: "Crecí sintiéndome comprada, como una prostituta. Era 'la nenita de mamá' y sabía que tendría que perder parte de mí para sobrevivir". Todo giraba alrededor de mamá, una mamá que le impuso a Isabel la mentira de que había nacido para cuidar de ella.

Así que le preguntamos al Señor acerca de esto y Él revelo que, mientras Isabel estaba en el vientre, su madre tuvo momentos de estar muy angustiada. A veces gritaba a voz en cuello para luego desplomarse en medio del llanto por algunos temas traumáticos sin resolver. Como esto era continuo y tan preocupante, Isabel había decidido que simplemente tendría que ocuparse de su mamá, ser fuerte y no quejarse.

Como resultado, podíamos ver cómo la identidad y el propósito de Isabel quedaron enredados con el bienestar de su madre. No sabía quién era ella aparte de su mamá, y le costaba formar relaciones aparte de otras personas "necesitadas". Lo que complicaba el problema era que su madre le daba mucha afirmación por la calidad de su cuidado de sus necesidades, lo que hacía que le resultara difícil a Isabel dar un paso al costado y ser ella misma.

Lo maravilloso fue que el Señor, en una visión, le mostró a Isabel cuánto la amaba poniendo sus manos alrededor de ella mientras estaba en el vientre. Esto significaba que era *ella* misma a quien Él honraba y adoraba. Además, el Señor reveló la verdad de que el propósito de ella en la vida era amar a Jesús y deleitarse en Él.

Así que Isabel oró por cómo se había sentido, asumiendo la enorme responsabilidad de cuidar de su mamá. Oró por todas las formas en que este sentido se sobrerresponsabilidad había

119

sido reforzado a lo largo de los años. Renunció a su falso propósito en la vida (cuidar de mamá) así como todas las demás decisiones que había tomado. Luego perdonó a su madre y confesó los juicios que había hecho contra ella. Como había asumido un "propósito" para el cual no había sido creada, fracasó. También confesó que se había condenado ella misma por ese fracaso. ¡Finalmente pudo ver que no era tarea de ella en primer lugar! También perdonó a su padre por no cumplir con su obligación (cuidar de su esposa) y por no protegerla de mamá. Luego de esto vino una revelación al corazón de Isabel. Se quedó sentada en admiración y preguntó: "¿Quieres decir que en realidad no tengo que sentirme responsable simplemente porque alguien tiene una necesidad?". Como se sentía obligada a responsabilizarse por su madre, se sentía igual hacia las personas necesitadas. Ahora, luego de orar para extraer estos problemas de raíz, se sentía libre, y no obligada, para cuidar de otros.

Caballos salvajes

Cuando Teresa y Juanita comenzaron un ministerio de aconsejamiento juntos, una de las primeras cosas que hicieron fue recorrer el país ministrando a otros. Pudieron ayudar efectivamente a personas a orar por los temas del pasado de sus vidas. Luego de seis meses de ver al Señor traer sanidad a muchos corazones, Teresa estaba realmente entusiasmada. Toda la aventura parecía ser una confirmación muy real de que ella y Juanita estaban haciendo lo correcto. Pero Juanita no compartía su entusiasmo. Cuando Juanita le dijo a Teresa: "No estoy segura de que estoy llamada a este ministerio", detonó algo en Teresa. Ella se había comprometido con esto, ¡y ahora Juanita no estaba segura! Teresa se sentía devastada y se disgustó mucho. Lo describió de esta forma: "¡Era como si alguien hubiera cortado mi vela mayor con una espada!". En vez de trabajar en esto juntas, Teresa comenzó a alejarse lentamente de Juanita.

Cuando finalmente llegaron a casa de sus viajes, Teresa comenzó a recibir invitaciones para viajar y ministrar, pero Juanita no. Esto hizo que Juanita se sintiera dejada de lado y, de alguna forma, "menos que". Era especialmente difícil porque, a esta altura, había resuelto su duda y ahora estaba convencida de que ella *debía* formar parte de este ministerio con Teresa. Toda esta situación confundió a Teresa también, porque si

120

ambas debían ministrar juntas, ¿por qué no era invitada Juanita? Luego ocurrió otra cosa que hizo que las cosas fueran aún más confusas para Teresa. Alguien le dijo a una amiga de Teresa que no pensaba que ella estuviera comprometida con lo que estaba haciendo. Esto no hacía ningún sentido. Ella había demostrado que lo estaba, pero ahora se le estaba diciendo que no.

Un tiempo después, mientras ministraban juntas en otro estado, la gente con las que se estaban quedando Teresa y Juanita las llevaron a ver unos caballos salvajes, algo que Teresa siempre había querido hacer. Esto fue algo muy especial para ella. Tres caballos se le acercaron, algo que podría haber sido muy peligroso, porque eran caballos salvajes. Pero en ese momento el Señor habló a Teresa y le dijo: "Está bien. Lo he preparado para ti". Y, para su asombro, los caballos se acercaron a unos cuatro metros de ella y luego siguieron de largo. ¡Qué experiencia inesperada y maravillosa!

El Señor usó esto para poner a Teresa en contacto con un problema del pasado que había tenido con su padre. Cuando había sido una niña pequeña, siempre quiso un caballo. Amaba los caballos tanto que a menudo se vestía con su conjunto de vaquero con un sombrero y una soga. Cada año, cuando llegaba su cumpleaños, pedía un caballo. Y cada año se le decía: "No podemos conseguir uno".

Un día el padre de Teresa le preguntó: "¿Quieres dar una vuelta conmigo? ¿Te gustaría ir a ver un caballo?". Teresa no podía creerlo. ¿Sería éste el día? ¿Realmente su padre le compararía un caballo? Fueron a un lugar donde había un caballo llamado "Colorado". A Teresa le encantó, y llegó a montarlo. Pero cuando volvió a la camioneta con su papá, ella ya conocía la respuesta a su pregunta en su corazón. Su padre comenzó diciendo: "Ahora bien, ¿cómo podrías cuidarlo? Terminarás por cansarte de él". Dijo algunas otras cosas desalentadoras también. Teresa estaba destrozada. Básicamente, el mensaje que recibió de su padre era: "No eres confiable". En otras palabras: "No creo que puedas cumplir con un compromiso". Así que ella se juzgó a sí misma como incapaz de ser responsable por lo que amaba.

Al darse cuenta de esto, Teresa entonces llevó al Señor todo este incidente relacionado con su padre. Compartió su dolor por no haberle tenido confianza para cuidar de lo que realmente quería. Confesó sus juicios contra él y lo perdonó. También pidió

121

a Dios que la perdonara por retraerse. Además, renunció el juicio contra ella misma de que "no soy de confiar para ser responsable por algo que amo".

Juanita también descubrió algunos temas de raíz que estaban jugando en esta dinámica entre ella y Teresa. Cuando Juanita había sido una niñita, sus hermanas siempre la dejaban de lado. No le permitían participar en sus juegos o los momentos divertidos que tenían con sus amigas. Esto la hacía sentirse excluida y "menos que", tal como se había sentido cuando otros invitaban a Teresa pero no a ella para ir a ministrar. En respuesta a esta realización, Juanita oró y compartió con Jesús sus juicios, y perdonó a sus hermanas.

Como resultado, desapareció la fuerza desmotivadora entre Teresa y Juanita. No sólo Juanita dejó de sentirse ignorada, sino que comenzó a ser invitada a los viajes de ministerio. En cuanto a Teresa, ya no tenía dudas de su nivel de compromiso con algo que ama. Si Teresa y Juanita no hubieran trabajado en estos temas, podría haber afectado grandemente no sólo su relación sino la continuidad de un maravilloso ministerio juntas.

No hacerlo bien

No tenía mucho sentido, pero casi cada vez que Rafael conseguía un trabajo la misma cosa mala ocurría. (La única excepción fue cuando tuvo una mujer por jefe, y entonces todo anduvo bien.) A Rafael se le daban ciertas responsabilidades que a menudo involucraban la organización, algo en lo que era muy bueno. Pero, inevitablemente, su jefe se enojaba con él por no hacer las cosas de la forma "correcta". Esto era algo que lo confundía a Rafael. En realidad, estaba metiéndose en problemas por hacer algo que le habían dicho que hiciera. La cuestión era que muchas veces las instrucciones no habían quedado en claro. También parecía como si su jefe simplemente estaba descargando su frustración sobre Rafael y echándole la culpa a él, aunque la falla era suya por no ser más claro en sus instrucciones. Rafael disfrutaba de su trabajo y era en realidad bastante bueno en lo que hacía. Pero este patrón parecía detenerse.

En oración, pedimos al Señor que nos mostrara en qué otra ocasión Rafael pudo haberse sentido así. El Señor le recordó una vez cuando era niño y se le dio la responsabilidad de cortar el césped. Si bien era su primera vez, su padre esperaba que ya supiera cómo hacerlo. Así que, a pesar de la falta de instrucción, sacó la cortadora de césped y trató de arrancarla. Probó una y otra vez, pero no ocurrió nada. Decidió pedirle ayuda a su padre. Su padre salió, verificó la cortadora, tiró de la cuerda de arranque, y comenzó inmediatamente. ¡Lo hizo parecer tan sencillo! ¿Qué estaba haciendo mal Rafael?

La siguiente vez que Rafael fue a cortar el césped, ocurrió lo mismo. Así que otra vez Rafael tuvo que pedirle ayuda a su padre. Esta rutina repetida pronto se volvió molesta para su padre, que se enojó, al punto que ya no lo ayudó a arrancar la cortadora. No sólo eso, sino que no lo dejó a Rafael hacer otra cosa hasta que pudiera arrancar la cortadora por su cuenta y terminara de cortar el césped. Rafael tiró y tiró de la cuerda hasta que se agotó, frustrado y molesto. Afortunadamente, un vecino vio su predicamento y le preguntó que pasaba. Rafael le explicó su problema. Luego de inspeccionarla, el vecino le mostró a Rafael que el cable de la bujía estaba desconectado. Cuando lo conectó, pudo arrancar la cortadora fácilmente.

Rafael se dio cuenta de que, cuando su padre ponía la cortadora en el garaje, desconectaba la bujía por seguridad. Había hecho esto dando por entendido que Rafael sabría qué hacer. Cada vez que Papá iba a arrancar la cortadora, reconectaba la bujía y la arrancaba. Lamentablemente, Rafael nunca veía esta parte del procedimiento porque siempre había estado parado detrás de su padre. Así que Rafael oró: "Señor, recuerdo haberme sentido frustrado y dolido cada vez que trataba de cortar el césped. Sentía que mi padre era demasiado exigente e injusto. No podía arrancar la cortadora, por más que lo intentara. Simplemente esperaba que yo supiera de alguna forma que la bujía estaba desconectada. No merecía su ira o su castigo. Escojo perdonarlo ahora. También confieso el resentimiento que he tenido hacia él. Renuncio a mi decisión de que: "Nadie me mostrará cómo hacerlo; todo depende de mí, y yo seré culpado por no saber lo que se suponía que otros me enseñaran".

Rafael se encontraba desocupado cuando oró para extraer de raíz este recuerdo. Unas semanas después ocurrió algo maravilloso. Fue contratado para un nuevo trabajo donde le pagaron las dos primeras semanas de capacitación. De esta forma sabría exactamente lo que se esperaba de él antes de que comenzara a trabajar. También le dieron un manual que establecía claramente cuáles eran las responsabilidades suyas y las de los demás empleados. Además, se le dio una lista de teléfonos de la compañía para que, si tenía alguna pregunta acerca de algo, supiera a quién contactar. Por primera vez, Rafael se sintió libre para cosechar un trabajo que no coincidía con sus raíces. Estaba libre para tener éxito en lo que realmente se destacaba.

¿Qué quiero hacer realmente?

Ana vino para una semana de aconsejamiento porque su jefe le había dado la oportunidad de hacerlo. Él había sido tocado de tal forma por el ministerio que había recibido que decidió pagar todos los gastos de cualquier persona de su personal que lo quisiera también. Si bien no estaba consciente de ningún tema acuciante, Ana decidió que vendría igual. Al avanzar el tiempo de ministerio, se volvió evidente que Ana no estaba viviendo la vida que Dios quería para ella; no estaba viviendo su pasión. Estaba haciendo trabajo para el cual tenía la destreza, pero que no era realmente una expresión de quién era ella. Y, como resultado, no estaba feliz.

Previamente, Ana había aceptado un trabajo que involucraba inicialmente la música, para lo cual tenía un título. Sin embargo, poco después terminó en la oficina debido a las urgentes necesidades administrativas. Si bien hizo una tarea excelente que fue muy apreciada, no era lo que realmente quería hacer. Cuando le preguntaron qué quería hacer realmente, Ana compartió su amor por la música y su deseo de enseñar. Ella quería vivir, no en la gran ciudad, sino en el campo, enseñando a niños y adultos a cantar y tocar el piano. Pero se sentía culpable y egoísta por seguir estos deseos.

Al explorar Ana cómo había sido su crianza, compartió muchos recuerdos felices. Sabía que sus padres se amaban profundamente a pesar del hecho de que su madre era algo "emotiva", luchando de tanto en tanto con algunos temas interiores que el padre de Ana no podía "arreglar". Mamá a veces se quejaba y se mostraba algo seca hacia Papá. De niñita, Ana había visto los momentos emotivos de su madre como una fuente de conflicto entre sus padres. Así que juzgó a su madre y resolvió no expresar sus propios sentimientos y emociones, con lo cual tomó las siguientes decisiones: "No seré como Mamá" y "No puedo ser espontánea".

Sin darse cuenta de la relación entre esas decisiones y lo que estaba cosechando en el presente, Ana llevó la relación de sus padres ante el Señor en oración. Le dijo cómo el emocionalismo

124

de su madre y los conflictos que había causado con su padre la habían lastimado y cómo había juzgado a su mamá como resultado. Ella confesó su pecado y perdonó a su madre. También renunció a sus decisiones de no ser como su mamá y no ser espontánea.

¡Cuando Ana volvió a su casa hizo algo espontáneo! Siguió su pasión... Dejó su trabajo y se mudó al campo. Allí alquiló un lugar pequeño y se hizo imprimir unas tarjetas comerciales que decían: "Lecciones de canto y piano privadas". ¡Pronto tuvo algunos alumnos y empezó! Había encontrado finalmente la libertad y la capacidad para seguir su sueño de toda la vda. Un año después, su ex jefe compartió que había sabido todo el tiempo que Ana no pertenecía al lugar donde estaba (la oficina). Pero no podía dejarla ir simplemente porque era una trabajadora tan maravillosa. A pesar de su pérdida personal, está ahora muy agradecido por la sanidad que recibió Ana y el cambio que ha ocurrido en la vida de ella.

Jugar es demasiado incómodo

De adulto, llegué a reconocer la importancia de que los padres jueguen con sus hijos. Es algo que tiene mucha importancia para ellos, especialmente cuando uno hace algo que les gusta. Lo extraño es que, sabiendo esto, no tenía ningún recuerdo consciente de querer (o *no* querer) que mis padres jugaran conmigo. Simplemente parecía que cuando era un niño los adultos no jugaban con niños pequeños, si bien podrían haberlo hecho con niños mayores. Pero de adulto sabía su importancia y quería ser el tipo de papá que jugaba con sus hijos.

Recuerdo cuando mi hija tenía tres años, que decidí hacer un esfuerzo especial para pasar tiempo jugando con ella. Al hacerlo, noté que me costaba mucho llegar a sentarme y jugar. Encontraba que frecuentemente me levantaba del juego para hacer otra cosa. Se me ocurrían toda clase de cosas para hacer en mi cabeza el momento en que me sentaba en el piso con ella; por ejemplo, poner al día mi chequera (¡algo que generalmente no me interesa para nada!), pasar la aspiradora a la alfombra o hacer una llamada telefónica. Al principio, no me daba cuenta de lo que estaba haciendo. Mis acciones parecían razonables y aun responsables. Pero un día lo vi claramente, y supe que necesitaba orar.

¿Por qué la chequera era más importante que jugar con mi hija? ¿Podría ser que estuviera "huyendo"? ¿Podría ser que, en algún nivel, jugar con mi hija recordaba a mi corazón las veces que nadie jugaba conmigo? Al pensar en esto, vi que podría ser cierto. Vi que probablemente estaba "huyendo" a fin de evitar este sentimiento incómodo. De ser así, este impulso de huir estaba ocurriendo a pesar del hecho de que ni siquiera estaba consciente de ningún recuerdo doloroso. (Es asombroso cómo raramente o nunca cuestionamos nuestro comportamiento y simplemente damos por sentado que somos así, o que lo que estamos haciendo es "normal".)

Compartí con un amigo lo que había llegado a entender. Juntos le pedimos al Señor que, si esto era cierto, me revelara cualquier ocasión en la que yo quería jugar con alguien pero nadie lo hizo. Mientras esperaba, dos ocasiones distintas vinieron a mi mente. El primer recuerdo era de mí, de bebé, sentado en la playa. Mi madre estaba sentada en una silla de playa. Me vi mirando hacia ella y luego hacia otro lado. El Señor indicó que, cuando la miré, quería que jugara conmigo, aun cuando no dijera nada. Me di cuenta de que hacia mucho tiempo que había renunciado a la idea que ella podría jugar conmigo, ya que lo hacía muy raramente. En otra ocasión, estaba en el piso y mi madre acababa de darme unos bloques para jugar. De nuevo, quería que viniera conmigo, pero no lo hizo. Evidentemente estaba demasiado ocupada. Estos recuerdos ilustraban lo que había sentido tantas veces de niño. Pero en estos dos casos claramente había renunciado a la idea de que algo podría cambiar.

Llevé estos recuerdos al Señor en oración. Compartí los detalles de lo que había pasado y cómo imaginaba que me habría hecho sentir; que estaba solo y a los demás no les interesaba jugar conmigo. Luego perdoné a mi madre, mientras confesaba el juicio que había tenido contra ella por no querer jugar conmigo. También renuncié a mi decisión de que no podía esperar que alguien quisiera jugar conmigo.

Más tarde ese día, cuando volví del trabajo, mi hija me recibió en la puerta y me preguntó: "Papá, ¿quieres jugar conmigo?". Justo entonces mi esposa, sin saber lo que había orado ese día, preguntó: "Y, ¿qué ocurrió hoy?". En respuesta, señalé a mi hija y dije: "¡Esto!". Créalo o no, antes de ese día ni siquiera recordaba que mi hija me hubiera pedido jugar cuando llegaba del trabajo. Generalmente yo debía iniciar el juego con ella. Pero ahora el mensaje silencioso que salía de mi corazón ("No puedo esperar que nadie juegue conmigo") había desaparecido.

Antes de esto, mi hija probablemente quisiera jugar conmigo, pero percibía mi decisión negativa y decidía no preguntar. Posteriormente también encontré que me resultó más fácil resistir la tentación de "huir". Además, jugar con mi hija se ha vuelto no sólo algo muy cómodo sino también algo que disfruto bastante.

Adiós al abandono

A Rosa no le iba para nada bien. Había experimentado un agotamiento un tiempo atrás, y aun después de un año de aconsejamiento en otro lugar todavía se sentía abrumada cuando hacía aún pequeñas tareas en el trabajo. También me dijo que sentía que no tenía ningún sistema de apoyo en su vida. Al compartir, Rosa reveló que nunca se había sentido vinculada con su madre, y siempre había sentido que era de una familia diferente. También compartió conmigo el trauma de ser abusada sexualmente por su padre a los cuatro años, junto con una gran cantidad de recuerdos dolorosos.

Luego de un tiempo, decidí hacer que Rosa cerrara sus ojos y se centrara en el dolor emocional que estaba sintiendo adentro. Al hacerlo, pudo sentir el mensaje asociado de su corazón: "¡no hay nadie ahí para mí!". Quedó claro que la intensa sensación de abandono que resonaba de su pasado estaba en el centro de su crisis emocional actual.

Entonces le pregunté a Rosa si dejaría que Jesús entrara al lugar donde estaba su dolor. Cuando dijo "sí", pronto percibió la presencia de Jesús y lo escuchó decirle que ella era especial. Realmente necesitaba esto, ya que había llegado a creer en su corazón que no valía nada y que era fea por las cosas terribles que le habían pasado. Para peor, le habían llegado a decir que era fea. Simplemente compartir acerca de esto era extremadamente doloroso. Pero cuando Jesús le dijo: "No, hija mía, tú eres *preciosa*", comenzó a llorar. Apareció otra mentira dolorosa que estaba alojada en su corazón. Ella había decidido que "¡nadie me quiso realmente jamás!". Pero a esto Jesús respondió diciendo: "*Yo* te quiero". Al ponerse en contacto con una capa aún más profunda de dolor, gritó: "¡Estoy abandonada!". Y, una vez más, Jesús respondió diciendo: "Hija mía, *nunca* te dejaré ni te abandonaré".

Al hablar la verdad a su corazón, Jesús comenzó a desplazar las mentiras que se habían alojado allí. A fin de removerlas completamente, la alenté a orar por los tiempos de heridas y dolor que había compartido ese día. En oración a Jesús, compartió sus experiencias dolorosas y perdonó a su madre y padre por la parte que habían jugado. También confesó sus juicios, su odio y sus otras respuestas pecaminosas a las heridas que había recibido. Después de esto, hice una oración que pronunció el perdón que había recibido. Luego oré por la purificación de toda la contaminación del increíble abuso que había sufrido. Durante todo el tiempo de esta oración se sacudía y lloraba. Luego ocurrió algo maravilloso. ¡Llegó a sentir que se iba el dolor extremo de los recuerdos del pasado! En un tiempo de oración relativamente corto en el que se cubrieron unos 20 temas dolorosos importantes (incluyendo el abuso sexual, abandono, abuso verbal y físico, alcoholismo y descuido), ella pudo, por la gracia de Dios, perdonar a su padre y a su madre. Una semana después, Rosa volvió. Había un cambio notable en ella. Su rostro era completamente diferente. Por primera vez en un tiempo muy largo, se sentía libre. Tenía un auténtico sentido de bienestar. ¡La opresión con la que estaba viviendo durante años se había ido!

El otro nombre de Luis

Luis acudió a mí por varias razones. Entre ellas, las luchas en la relación sexual con su esposa y la depresión. A principios del tiempo de aconsejamiento era evidente que estaba ocurriendo otra dinámica. Casi cada vez que Luis quería venir a sus citas algo malo ocurría. Una vez tuvo un ataque de gota en sus tobillos. Otra vez, se resbaló y se rompió la clavícula. En otra ocasión, se torció el tobillo justo antes de nuestra sesión. A menudo venía con muletas. ¡Una vez su coche se incendió camino a mi consultorio! La mayoría de estas cosas estaba fuera de su control. Era como si alguna fuerza exterior estuviera trabajando contra Luis cada vez que intentaba conseguir ayuda. Como mínimo, estos sucesos eran muy desalentadores. Pero, a pesar de todo esto, Luis se había propuesto seguir viniendo para sus consultas.

Al compartir cómo había sido su tiempo de crecimiento, era evidente que siempre había habido algo trabajando contra él. De niño, su padre a menudo lo menospreciaba y lo denigraba. Lo llamaba usando toda clase de nombres con la palabra "estúpido", como si "estúpido" fuera el segundo nombre de Luis. Como se imaginará, esto lo hirió profundamente. A menudo, cuando Luis recurría a su padre para pedir ayuda, éste lo maldecía a cambio: "Tú, ¡estúpido %#@*&! ¿Acaso no puedes hacer nada bien?". Parecía haber una relación entre las maldiciones de su padre cuando necesitaba ayuda y las cosas malas que le ocurrían a Luis cuando buscaba ayuda.

Así que dedicamos un tiempo a orar por todos los incidentes con la palabra "estúpido" que Luis podía recordar. Con cada recuerdo, dedicamos tiempo a que Luis compartiera lo que había ocurrido y cómo lo había hecho sentir. En cada caso, Luis también confesó todo el resentimiento que tenía hacia su padre y luego lo perdonó. Yo oré para romper el poder de la palabra "estúpido" sobre él. Finalmente, él renunció a las diversas formas en que él había llegado a estar de acuerdo con las maldiciones de su padre. Esto requirió varias sesiones, pero el tiempo dedicado bien valió la pena. El corazón de Luis necesitaba recibir sanidad por cada vez que su padre lo había maldecido.

Entonces ocurrió un cambio maravilloso. Las cosas raras que le ocurrirían a Luis cada vez que buscaba ayuda cesaron. Ya no había tobillos lastimados o coches incendiados que nos distrajeran de nuestro trabajo en oración. Luis podía centrarse ahora en los temas para los cuales había venido por aconsejamiento inicialmente.

Si te enojas, la relación se acabó

En un tiempo, Víctor tenía miedo de mostrar o compartir cualquier sentimiento de ira con sus amigos porque sentía que significaría el final de una relación. Como resultado, le costaba mucho compartir algo cuando involucraba irritación, un malentendido o un conflicto. En cambio, ocultaba sus verdaderos sentimientos y actuaba como si todo estuviera bien. Pero todo el tiempo sentía que su ira se convertía lentamente en resentimiento, agitándose en su interior porque no era expresada. Cuando terminaba compartiéndola, sobrerreaccionaba porque se había acumulado tanto con el tiempo. Entonces se sentía como un tonto.

Víctor decidió llevar este tema en oración y le preguntó al Señor: "¿Cuándo en mi pasado sentí que compartir mi ira produciría el final de una amistad?". El Señor le recordó el divorcio de sus padres, cuando era un niño pequeño. A menudo había visto a sus padres discutir y vio como ninguno de ellos se sentía escuchado. También notó cómo nada parecía resolverse tampoco. Recordaba sentir el dolor de su madre, pero al mismo tiempo veía cómo ella escogía reprimirlo. También vio el dolor de su padre. Cuando terminaron divorciándose, Víctor llegó a la conclusión de que era el resultado de tanta ira y discusión.

Víctor entonces oró: "Señor, recuerdo que mi padre y mi madre discutían cuando era chico. Me daba mucho temor y, lo que es peor, terminaron divorciándose. Realmente quería que solucionaran las cosas. Pero, en cambio, creí la mentira de que la ira produce el final de una relación. Los perdono por no escucharse, por no solucionar las cosas y por divorciarse. Renuncio a mi decisión de que, si comparto mi ira, significará el final de una relación".

Posteriormente, Víctor dijo que encontró que la ansiedad que había sentido con relación a compartir sus sentimientos de ira había disminuido. También se encontró sobrerreaccionando menos cuando necesitaba compartir su ira legítimamente. Al tratar con sus raíces amargas, Víctor pudo alcanzar un nuevo nivel de madurez y cercanía en sus relaciones con los demás.

¿Debo sentir pena?

José y Lucía querían tener un bebé muchísimo. Lamentablemente, pasaron por la difícil experiencia de perder un embarazo. Luego de esto, Lucía pasó por un tiempo de mucha pena. José, en cambio, estaba preocupado porque él no había pasado por lo mismo. Por supuesto, estaba desilusionado, pero en ningún momento lloró o sintió tristeza por la pérdida de su hijo. Cuando le preguntó al médico si le pasaba algo malo a él, éste le dijo que, como nunca había llegado a ver al bebé, mientras que Lucía lo había llevado en su vientre, tenía sentido que él no tuviera ningún vínculo con el chico. Por lo tanto, no había nada por lo cual sentir pena. Además, le dijo a José que lo que estaba experimentando era "normal" para la mayoría de los hombres. A pesar de esta explicación, seguía preocupado por no sentir pena.

Él identificó su incapacidad para sentir pena por la pérdida de su hijo como fruto malo. Le costaba aceptar que esto era "normal" para los hombres. Así que, en oración, pedimos al Señor que le mostrara otras ocasiones en que no había podido sentir pena. Recordó haber tenido un perro de niño. Le preguntamos al Señor qué tenía que ver este recuerdo con su imposibilidad de sentir pena. José recordó que un día llegó a casa y encontró que el perro de la familia no estaba. Cuando preguntó qué había ocurrido, le dijeron que lo había atropellado un coche. Su padre había encontrado el cuerpo del perro y lo había puesto en la basura. Luego fue y buscó otro perro para reemplazarlo. No hubo ninguna discusión sobre el tema. Nadie lloró. Nadie mostró pena abiertamente por su evidente pérdida. José recibió el mensaje de que "la vida continúa, ¡enfréntalo!".

Como tarea para el hogar luego de nuestra sesión juntos, le dije a José que escribiera lo que echaba de menos de su perro, cuál era su nombre, por qué lo quería, lo que hacían juntos, etc. Mientras escribía, José recordó cómo su perro había sido tan fiel a él, recibiéndolo cada vez que volvía a casa de la escuela, cuando nadie más de la familia lo había hecho jamás. Recordaba simplemente pasar tiempo con su perro cuando se sentía solo e incomprendido. Su perro estaba ahí para él y siempre lo quiso a él. Cuando compartió estas cosas, empezó a sentir tristeza. Al principio sintió que era algo absurdo. Cuando le pregunté: "¿Por qué?", me contestó: "Era sólo un perro". "Sí, pero lo amabas", le dije. Luego alenté a José para que dijera, en voz alta: "Extraño a mi perro". Cuando lo hizo, las lágrimas comenzaron a fluir. Finalmente pudo sentir el amor por este perro que había extrañado tanto, un amor que había ocultado en lo profundo de su ser todos estos años. Ahora, con su corazón libre para sentir pena (libre para ser normal), apareció también la ira hacia su padre; por un lado, por no dejarlo ver al perro cuando murió y por otro, por no dejarlo enterrarlo.

En oración, José dijo: "Padre celestial, traigo ante ti el incidente de la muerte de mi perro. Ahora me doy cuenta de que realmente me dolió cuando mi padre lo tiró a la basura y ni siquiera me dio la posibilidad de despedirme. Hizo que mi perro pareciera algo sin valor, como un pedazo de basura, algo para descartar. Necesitaba que mis padres me ayudaran a sentir pena. Como no lo hicieron, me hizo sentir que la pena es algo erróneo, malo y temible. Decidí equivocadamente que no valía la pena llorar por ello. También creí la mentira de que mis sentimientos no importan. Confieso mi amargura hacia mi padre, y escojo perdonarlo por lo que hizo. Renuncio a mis decisiones de que 'mis sentimientos no importan' y que 'no vale la pena llorar por eso'".

Luego de orar, comenzó a surgir más tristeza del interior de José. Esta tristeza era por el hijo que había perdido su esposa. José ahora podía sentir su pena, una pena que ya no estaba reprimida por las decisiones negativas sentidas por el corazón. Comenzó a sentir cuánto había esperado realmente encontrarse con su hijo, sostenerlo y cuidarlo como padre. Le llevó algo de tiempo, pero pudo trabajar en el proceso de luto por la pérdida de su bebé. José estaba libre también para hacer lo propio en otras áreas de su vida. Esta experiencia trajo otra bendición: los acercó más a José y Lucía. Al haber compartido cada uno la pena del otro, se sintieron más unidos para enfrentar el futuro juntos.

No puedo ir más rápido

Carmen trabajaba en el departamento de panadería de una tienda de comestibles local. Su jefa le había dicho que tenía que aprender a trabajar más rápido. Sin embargo, no podía hacerlo sin sacrificar la calidad de su trabajo. Esto le resultaba muy frustrante, y se encontró diciendo: "Cuanto más lo intento, más lentamente trabajo". Carmen estaba familiarizada con el proceso de identificar frutos malos con relación al principio de la siembra y la cosecha. Así que, al pensar en este fenómeno en su vida, llegó a reconocerlo como "fruto malo". Entonces le pidió al Señor que le revelara la raíz de esto.

Unas cuatro semanas después, el Señor trajo a la mente de Carmen un recuerdo de su sexto cumpleaños. Sus padres le habían preguntado qué quería ese año, y ella les dijo que su sueño era estar en un programa de televisión que tenía una gran fiesta de cumpleaños cada semana. Para esta fiesta especial, algunos niños eran elegidos para estar con el conductor del programa en una celebración especial, con torta, globos y papel picado. Para sorpresa de Carmen ¡un día sus padres le dijeron que *ella* había sido escogida para ese programa! Cuando llegó el gran día, sus padres la llevaron al estudio. Sin embargo, cuando llegó, vio rápidamente que su celebración de ensueño no sería lo que ella había pensado. El estudio no era real, sino sólo un conjunto de decorados. Cada movimiento, cada palabra, estaba pautado. Y le dijeron exactamente dónde ir y cuándo, cómo sonreírse y cómo sentarse...

Finalmente, ¡llegó el momento en que los niños marcharían a través de la "puerta de cumpleaños" y se sentarían a la "mesa de cumpleaños"! A pesar de su desilusión inicial, Carmen trató de poner la mejor cara, ¡especialmente cuando le dieron una paleta y un poco de torta! Pero apenas se sentó a la mesa con las cosas ricas, fue sacada rápidamente y llevada detrás del escenario, diciéndole que se sentara con sus padres. Así nomás, el momento había desaparecido... El sueño había terminado... Y,

132

peor aún, ¡se dio cuenta que había dejado su paleta en el escenario, derritiéndose bajo las fuertes luces! No hace falta decir que, con todo el apuro de filmar el programa, la alegría de Carmen desapareció. Esto la dejó deseando que le hubieran dado tiempo para ir más lento y disfrutarlo todo. Esta niñita, desde el tremendo dolor y desilusión que había sentido, tomó una decisión: "¡*Nunca* volveré a apurarme!".

De adulta, Carmen pudo hacer una conexión entre lo que había ocurrido tantos años atrás y lo que ocurría en su trabajo en el presente. Con esta comprensión, oró para extraer de raíz su desalentadora experiencia de cumpleaños, derramando sus sentimientos heridos y su tristeza ante el Señor. Perdonó a las personas que la habían desilusionado. Y, finalmente, renunció a su decisión de "nunca volver a apurarse".

Luego de orar, Carmen sintió que una pared caía dentro de su corazón y pudo sentir cómo su resistencia interior comenzaba a desaparecer. Muy poco después, ¡encontró que podía trabajar bastante más rápido sin sacrificar la calidad de lo que hacía!

Perspectivas a cultivar

* ¿De qué formas vio a Dios involucrándose en cada una de las historias?
* ¿En qué historias vio similitudes con su vida? ¿De qué formas?
* ¿Qué cosas nuevas llegó a darse cuenta cuando leyó algunas de estas historias?
* ¿Cuál sería el título de su historia?

Dar fruto bueno

No nos cansemos, pues, de hacer bien;
porque a su tiempo segaremos,
si no desmayamos.
Gálatas 6:9

Dios sabe que viene fruto bueno, ¡así que no se dé por vencido! Si bien el foco de este libro ha sido cómo encarar las dificultades, al cerrar quisiera dejar de lado esos pensamientos y dejarle una palabra de aliento... *¡Viva la vida!* La vida comienza y continúa en su relación con Dios, y sólo con Él. Siga sembrando el bien para que pueda cosechar el bien, no sólo en esta vida sino también en la eternidad. Encuentre su propósito para la vida *en Él,* ¡y vívalo! No se aparte del propósito para centrar toda su atención en buscar raíces amargas. Disfrute de las buenas cosas que el Señor le ha dado y ha hecho por usted.

No deje que el fruto malo que no ha sido desarraigado aún lo distraiga de disfrutar al Señor hoy.

Disfrútelo a Él. Céntrese en lo que es maravilloso alrededor de usted, y déjele saber lo agradecido que está. No deje que el fruto malo que no ha sido desarraigado aún lo distraiga de *disfrutar al Señor hoy.* Haga una decisión consciente de abrazar la vida, de pasar tiempo con las personas que ama y de vivir en el presente. Por favor no se quede trabado tratando de descifrar cada pequeña dificultad o problema de su pasado. Si el Señor no se lo ha revelado o no lo ha tratado aún, entonces tiene un motivo, un motivo maravilloso, con usted en mente. Si Él no está ansioso por el tema, ¿por qué habría de estarlo usted? Sí, podemos estar atentos pero no ansiosos, diligentes pero también pacientes. Si usted identifica algo como fruto malo, examínelo y ore por ello. Pero si no encuentra ningún problema de raíz identificable, ¡siga adelante con sus cosas!

Hay personas allá afuera para ser alentadas y amadas, y está nuestro Señor para ser adorado y alabado. Si permanecemos en Jesús, entonces lo que usted y yo tenemos para ofrecer en cualquier momento es suficiente para lo que Él esta haciendo en y a través de nosotros. Él llegará a nuestros "asuntos" en su debido tiempo. Él conoce nuestros comienzos, nuestros finales y todo lo que está en medio. Tenemos que aprender a descansar en su paz y sentir su palpitar dentro de nosotros. Tenemos que pasar tiempo con Él. Confiémosle nuestro pasado, presente y futuro, ¡porque la vida es un viaje increíble cuando uno viaja con Aquel que mejor lo conoce!

El que le suple semilla al que siembra también le suplirá pan para que coma, aumentará los cultivos y hará que ustedes produzcan una abundante cosecha de justicia. Ustedes serán enriquecidos en todo sentido para que en toda ocasión puedan ser generosos, y para que por medio de nosotros la generosidad de ustedes resulte en acciones de gracias a Dios.
2 Corintios 9:10, 11 (NVI)

Que el Señor aumente su cosecha del fruto bueno de la justicia al buscarlo a Él en todas las cosas, al aplicar su provisión mientras ora para extraer los problemas de raíz, y al seguir sembrando el bien. ¡A Él sea la gloria!

Perspectivas a cultivar
* ¿Cuáles son algunas formas en que Dios produjo fruto bueno en su vida?
* ¿Cuáles son algunas cosas que cree que Dios quiere que usted haga con lo que ha aprendido y con lo que ha cambiado en su vida?
* ¿Cuáles son algunas cosas que cree que Dios quiere que usted haga y aprenda mientras espera que Él ayude a identificar otros problemas de raíz en su vida? Comience a invertir en hacer algunas de esas cosas hoy.
* Pase un tiempo en oración, ¡agradeciendo a Dios lo que ha hecho en su vida!

Preguntas varias

¿Y si viene a la mente un recuerdo por el que ya he orado antes?
Pregunte al Señor qué otra cosa está queriendo mostrarle. A menudo Él hace esto porque hay algún otro aspecto relacionado con ese problema específico que necesita oración. Podría ocurrir que cada vez se revele un juicio o una mentira en la que hemos creído diferentes. Tal vez no pudimos verlos antes porque no estábamos listos. A veces, no hubiéramos podido reconocer estas otras cosas hasta que Dios no hubiera trabajado en otro aspecto de nuestra vida antes.

¿Y si luego de orar por algunos recuerdos nada ha cambiado?
Esto podría ocurrir por varios motivos. A veces, el fruto bueno no aparece enseguida. Algunas cosas son producto de nuestro pecado y, por lo tanto, lo que fue puesto en movimiento necesitará ser tratado a lo largo de un período de tiempo. El divorcio es un ejemplo de esto. Si bien la cosecha futura puede haberse detenido a través de la confesión, ciertas consecuencias ya están en marcha y deberán ser recorridas. A veces hay más recuerdos relacionados con el mismo tema que requieren oración.

¿Y si me siento peor después de orar por algo?
Esto puede ocurrir en algunos casos. Suele suceder porque muchos de los problemas que hemos evitado están saliendo a la superficie ahora. Si no hemos podido sentir pena habrá mucho para ponernos al día. Si no nos hemos permitido sentir tristeza o llorar, hay un rezago de cuestiones que necesitan ser procesados. Sólo recíbalo, confíe en el Señor al hacerlo, y sepa que con el tiempo usted llegará al otro lado.

¿Cómo logro que otros traten con sus problemas de raíz cuando su fruto malo me resulta tan evidente?
La mejor forma es tratar con su *propio* fruto malo primero. Esto logrará varias cosas. Ante todo, producirá fruto bueno que la otra persona tendría que notar. Además, los problemas de

raíz de usted ya no serán una piedra de tropiezo, por ejemplo, si en el pasado habían hecho que reaccionara desplazando la culpa sobre usted. Como resultado, la persona podría empezar a notar un verdadero cambio en usted, y esto podría hacer que comience a notar el fruto malo en la vida de ella, sabiendo que usted ya no es el problema. Además, al orar por sus propios temas, usted tiene algo que compartir con ella acerca de su fruto malo, sus problemas de raíz, y cómo oró y cambió. Deje que su vida y testimonio haga la obra. ¡Deje que la luz de lo que Jesús ha hecho en su vida brille!

¿Siempre debo estar con otra persona cuando identifico y oro para extraer mis problemas de raíz?

Hay veces en que el Señor hará aparecer algo cuando está a solas con Él. Vaya y ore por esto, mientras está fresco en su corazón. Pero igual lo alentaría a compartir aquello por lo que ha orado y lo que ocurrió con otra persona más adelante, pidiéndole que ore por usted también (Santiago 5:16).

Yo soy como usted. Si bien ayudo a otros usando los dones y las capacidades que Dios me ha dado y ha desarrollado en mí, necesito que otras personas con sus dones y amor me ayuden a trabajar en mis problemas. Necesito que me reafirmen. Yo también experimento momentos de no poder aclarar el fruto malo e identificar problemas de raíz propios. Dios quiere que nos ministremos unos a otros. Él promete una bendición cuando lo hacemos. Así que, en respuesta a su pregunta, no es necesario, pero es altamente recomendable, y no porque lo diga yo, sino el Señor.

¿Y si la persona por la que sentí resentimiento, que me lastimó, no piensa que me lastimó o hizo algo malo? ¿Y si piensa que estoy equivocado en mi percepción de la situación?

Lo maravilloso de orar para extraer los problemas de raíz es que los demás no tienen que reconocerlo para que nosotros seamos liberados. Además, lo que realmente importa no es tanto cómo los demás percibieron lo que ocurrió sino cómo lo percibimos *nosotros*. Nosotros damos fruto malo por la forma en que *nosotros* juzgamos y sentimos resentimiento, sea que hayamos tenido o no los detalles o la perspectiva correctos de la situación.

Algunos hemos sentido resentimiento hacia personas por hacer lo correcto. A menudo, esto ocurre porque tenemos una historia de esperar ser tratados de cierta forma. Así que respondemos o reaccionamos desde esta expectativa de raíz amarga. Algunas personas han sentido resentimiento hacia Dios, y sabemos que *Él* no hace nada mal. Sea como fuere, si respondimos de una forma pecaminosa y no lo enfrentamos, entonces hemos sembrado algo malo y seguramente cosecharemos de esto. Tenemos que orar para extraerlo de raíz.

¿Por qué Dios no revela y trata todos mis problemas no resueltos? ¿Por qué tarda tanto en hacerlo?

Hay varias razones. A veces el Señor nos está entrenando, enseñándonos a ver que nos ama, aun cuando no seamos perfectos. Algunos de nosotros necesitamos saber que igual somos amados aun cuando estemos luchando con el pecado. A veces, el Señor está intentando sacar algún rasgo oculto en nosotros que ni siquiera sabíamos que existía, y sabe que la situación actual lo hará surgir. A veces, quiere enseñarnos *el poder de vencer*. Permite que permanezcan algunas cosas para que, al luchar, crezcamos y maduremos, a pesar de ellas. Además, obtenemos autoridad en lo que vencemos. Permite que esto edifique nuestro carácter y establezca una relación firme con Él, que es mucho más importante que cualquier otra cosa. A veces, cierto problema específico necesita ser solucionado primero, antes de avanzar al problema siguiente. A menudo necesitamos tiempo entre pruebas para andar y acostumbrarnos al cambio que ha hecho Dios en nosotros.

En algunos casos, hay lecciones que pueden aprenderse sólo a través del sufrimiento. Jesús nunca prometió una vida libre del sufrimiento, sino más bien que Él estaría allí cuando lo pasemos. Hay ocasiones en que somos llamados a sufrir por Cristo, por su reputación. Esto podría involucrar luchar por nuestro matrimonio, pero no por nosotros. Dar mi vida por otro es un acto de amor, haciendo lo que haga falta para cambiarme y convertirme en la persona que Dios quiere que sea para que pueda ayudar a otro. Podría tener que luchar contra el egoísmo, la amargura y la venganza. Podría tener que soportar una situación laboral difícil, una relación con alguien que me ha traicionado, un matrimonio poco satisfactorio o difícil, o tiempos económicos duros.

Tenga en mente que a veces las razones por las que Dios no trata inmediatamente con nuestros problemas no resueltos son propias de las circunstancias y estaciones de nuestra vida.

Algunas cosas no serán reveladas hasta que cierta estación se complete. Pero, más frecuentemente, simplemente quiere que aprendamos a buscarlo con todo nuestro corazón y a confiar en que Él conoce las razones.

¿Y Corintios 5:17: "De modo que si alguno está en Cristo, nueva criatura es; las cosas viejas pasaron; he aquí todas son hechas nuevas"?

Cuando uno lee el contexto de este versículo, "las cosas viejas" es la forma en que hemos intentado vivir sin Dios y su provisión. Las "cosas nuevas" que han llegado a través de Cristo es nuestra relación con Dios que nos permite reconciliar aquellas cosas de nuestra vida que se interponen entre nosotros y Él. En 2 Corintios 5:20 se nos invita a reconciliarnos con Dios. Este pasaje está dirigido a creyentes, no a incrédulos. Reconciliarnos con Dios es algo que *nosotros* debemos hacer. Confesar nuestros pecados y perdonar a otros es una de esas formas. Y orar para extraer los problemas de raíz es una de las áreas donde lo ponemos en práctica.

Apéndice A - Palabras para los sentimientos

Si bien hay muchísimas otras palabras para describir cómo uno se siente, las que aparecen abajo suelen usarse para describir una "herida", cuando alguien fue lastimado por otra persona o una circunstancia. No se limite a éstas; son simplemente un buen punto de partida. Use esta lista al tratar de describir cómo se sintió cuando fue lastimado, especialmente al orar para extraer problemas de raíz del pasado.

Palabras que describen heridas

Abrumado	Desnudo	Nada
Acosado	Desperdiciado	Necesitado
Acusado falsamente	Despojado	No amado
Agobiado	Destruido	No apreciado
Agraviado	Engañado	No bienvenido
Ahogado	Entumecido	No necesitado
Aplastado	Envilecido	No querido
Atacado	Equivocado	Obligado
Atormentado	Espantoso	Ofendido
Atrapado	Estúpido	Olvidado
Avasallado	Expuesto	Oprimido
Avergonzado	Extraño	Peor
Burlado	Frío	Perdido
Como un fracaso	Fuera de control	Pisoteado
Como un idiota	Herido	Sin valor
Como un tonto	Ignorado	Sucio
Como un...	Impotente	Sufrir burlas
Comparado	Impuro	Sufrir complot
Condenado	Indeciso	Sufrir mentiras
Contaminado	Indigno	Tonto
Controlado	Inseguro	Tratado injustamente
Criticado	Lisiado	Usado
Dañado	Loco	Vacío por dentro
Desalentado	Maldito	Vencido
Descubierto	Maltratado	Violado
Desgarrado	Manipulado	Vulnerable
Desgastado	Menospreciado	
Deshonrado	Muerto	

Palabras generales para las heridas

Afligido	Avergonzado	Empático	Malo
Agitado	Confundido	Enojado	Miserable
Amargado	Culpable	Envidioso	Odiado
Angustiado	Débil	Espantoso	Rechazado
Ansioso	Deprimido	Exasperado	Solitario
Apenado	Desesperanzado	Frustrado	Solo
Asustado	Deshonrado	Furioso	Temeroso
Aterrorizado	Desilusionado	Furioso	Terrible
Aturdido	Dolido	Herido	Traicionado
Avaro	Dolorido	Ignorado	Triste

Palabras generales que describen cambios

A continuación hay una lista de palabras para sentimientos usadas a menudo al describir cómo uno podría sentirse luego de haber orado por algo, especialmente cuando ha habido una sensación o experiencia de cambio.

Agradecido	Entero	Nuevo
Alentado	Escuchado	Pacífico adentro
Aliviado	Esperanzado	Paz
Amado	Excelente	Perdonado
Amado nuevamente	Facultado	Querido
Bendecido	Feliz	Radiante
Bueno	Fortalecido	Renovado
Cálido	Gozo	Restaurado
Comprendido	Grande adentro	Sanado
Con la cabeza clara	Joven nuevamente	Seguro
Confiado	Liberado	Sintiéndose alto
Consolado	Libre	Tocado
Contento	Limpio	Un sentido de valor
Cubierto	Liviano	Valentía
Defendido	Llenado	Vestido
Descansado	Maravilloso	Visto
Dignificado	Más liviano	Vivo
Encantado	Mejor	Ya no...
Encontrado	No tan...	Yo mismo

www.ingramcontent.com/pod-product-compliance
Lightning Source LLC
Chambersburg PA
CBHW060258050426
42448CB00009B/1679